58

COLLECTION D'ACTUALITÉS PÉDAGOGIQUES
PUBLIÉE SOUS LES AUSPICES
DE L'INSTITUT J. J. ROUSSEAU ET DE LA SOCIÉTÉ BELGE DE PÉDOTECHNIE

MARGUERITE EVARD

Docteur ès lettres
Professeur à l'Ecole secondaire du Locle.

L'ADOLESCENTE

ESSAI DE PSYCHOLOGIE EXPÉRIMENTALE

NEUCHATEL
DELACHAUX & NIESTLÉ S. A.
ÉDITEURS

PARIS
LIBRAIRIE FISCHBACHER
ÉDITEUR

L'ADOLESCENTE

IMPRIMERIE DELACHAUX & NIESTLÉ S. A., NEUCHATEL
1914

COLLECTION D'ACTUALITÉS PÉDAGOGIQUES
PUBLIÉE SOUS LES AUSPICES
DE L'INSTITUT J. J. ROUSSEAU ET DE LA SOCIÉTÉ BELGE DE PÉDOTECHNIE

MARGUERITE EVARD

Docteur ès lettres.
Professeur à l'Ecole secondaire du Locle.

L'ADOLESCENTE

ESSAI DE PSYCHOLOGIE
EXPÉRIMENTALE

NEUCHATEL	PARIS
DELACHAUX & NIESTLÉ S. A.	LIBRAIRIE FISCHBACHER
ÉDITEURS	ÉDITEUR

PRÉFACE

§ I. Les méthodes d'enseignement sont remises en question par les ouvrages des psychologues, réclamant des maîtres une connaissance plus scientifique de l'enfant, de l'adolescent auxquels ils donnent des leçons.

De nombreux travaux sur les sensations, la pathologie du système nerveux, les fonctions supérieures de l'esprit, l'être normal et le déficient ont déterminé un courant nouveau de psychologie individuelle qui — de l'avis de nombreux spécialistes — servira de base à une nouvelle pédagogie. Trop longtemps l'élève a été une entité théorique que législateurs et éducateurs traitaient à l'envi selon les besoins de leur cause, sans se préoccuper de sa réalité; or, la psychologie expérimentale a pris à tâche de connaître l'élève en tant qu'être vivant, de déterminer ses aptitudes naturelles aux divers âges.

§ II. Tandis que le jeune enfant et l'être anormal ont été beaucoup étudiés — la pédologie a modifié l'école enfantine, créant des cours spéciaux pour les déficients — *l'adolescence* a été plus ou moins ignorée, laissée au gavage intellectuel. Tout récemment, Stanley Hall, P. Mendousse, G. Compayré, A. Lemaître ont appelé l'attention sur la psychologie propre à l'adolescent.

Les tentatives d'indépendance du féminisme auraient-elles fait perdre de vue la différence psychologique existant entre la femme et l'homme ? Il n'a paru que très

peu de monographies sur la femme, la fillette même (la
pédologie ne différencie pas les sexes). Sauf les livres
de psychologie descriptive de Henri Marion [1] et l'étude
expérimentale de M. Schuyten [2], je ne connais que quelques brefs articles de revues [3]; la jeune fille est très peu
connue au point de vue psychologique, quoique de mode
à la scène et dans le roman, et l'adolescente tout à fait
méconnue :

« Les jeunes filles, élevées le plus souvent par des
femmes, ont été encore moins étudiées que les garçons;
aussi les traits communs qu'on serait tenté d'attribuer
aux uns et aux autres risqueraient-ils d'être superficiels,
d'autant plus qu'il semble qu'il y ait une sexualité de
l'âme, comme du corps. Dans les pays latins et germains,
les deux sexes ont reçu, depuis des siècles une éducation
si différente qu'ils se différencient peut-être plus par
leurs habitudes mentales que par leur constitution
organique. Par suite les conclusions relatives à l'adolescence humaine exigeraient qu'on étudiât à part l'*adolescent* et *l'adolescente* [4]. »

Il m'a paru intéressant d'étudier méthodiquement
l'adolescente, c'est-à-dire *la fillette devenant jeune fille*, si
différente d'idéation et d'affectivité de ce qu'elle était
quelques mois auparavant qu'elle-même ne se reconnaît plus, se défie de soi, craint de se livrer. C'est cet
être de sentimentalité exagérée que les Allemands
nomment « backfisch » et raillent si volontiers, qui
paraît vivre d'une concentration intense et présente

---

[1] *Psychologie de la femme et Education de la jeune fille,* réédition de cours
professés en Sorbonne 1892-93, 1893-94.
[2] L'éducation de la Femme.
[3] A. LECLÈRE. *Description d'un objet.* (Année psych. 1897, p. 379-89)
M. DUGARD. *De l'éducation moderne des jeunes filles.*
[4] MENDOUSSE. *L'âme de l'adolescent,* préface III.

aussi des élans subits d'expansion émotive, frisant le ridicule, que nous désignons en français par le terme *d'adolescente*. Cette période transitoire, dans l'évolution féminine, Mgr Dupanloup l'appelle « l'âge ingrat » dans ses Lettres sur l'éducation des filles.

Cet essai de psychologie expérimentale n'est pas une étude à l'américaine, faite de statistique pure, basée sur un grand nombre d'interviews, de plébiscites, d'enquêtes dus à des collaborateurs divers. J'ai travaillé avec mes élèves, recueillant des chiffres pendant toute une année pour *deux groupes de sujets*, à l'origine de vingt jeunes filles chacun, représentant la Ire *année* (classe inférieure) et la IIme *année* (classe supérieure) de l'école secondaire d'une petite ville suisse. Le fait que je les connais par plusieurs années d'enseignement et de contact journalier, non seulement au collège, mais chez moi, en ville, dans leurs familles, supprime une difficulté inhérente à l'expérimentation des savants (Binet, Ebbinghaus, etc.) qui, étrangers à l'école, ont rencontré parfois une certaine défiance de leurs sujets et durent s'aider de renseignements complémentaires, fournis par les instituteurs. Le caractère sérieux de l'enseignement officiel — en face d'un professeur régulier, le fou rire, la blague, la simulation ne sont pas à craindre — m'a permis beaucoup d'exercices collectifs, faits en quelques minutes avant les cours : c'était du temps librement donné par les élèves et pour lequel je les remercie. Afin d'exclure toute suggestion de ma part et chez elles une attitude conventionnelle, il fallut assigner un but à nos exercices; c'était, soi-disant, de codifier leur *vocabulaire*. Cette petite supercherie m'a permis, sous prétexte d'une enquête de pure forme, de pénétrer leur mentalité et leurs sentiments.

8 L'ADOLESCENTE

En m'inspirant de Binet, j'ai essayé divers *mental tests*, particulièrement ces moyens naturels dits « tests de résultat » qui consistent à laisser le sujet dans les conditions habituelles de travail et mesurent, dans un temps donné, le travail fourni; les copies ordinaires ont leur intérêt aussi. J'ai renoncé aux appareils de laboratoire, vu l'étrangeté du procédé (et la passivité bien connue des jeunes filles) préférant ce que M. Claparède appelle *l'expérience systématique :*

« La plupart du temps, ces petites expériences qui, je vous l'assure, n'opèrent dans l'esprit de nos petits amis les écoliers aucune vivisection malfaisante, peuvent revêtir l'aspect d'un travail scolaire, en sorte qu'ils ne se doutent même pas qu'ils jouent momentanément le rôle de « cobayes » : on leur fera décrire un objet, dessiner de mémoire, indiquer leur idéal ou leur branche préférée, etc. Et le travail scolaire lui-même peut devenir du « matériel d'expérience », si on le considère d'un œil scientifique.... Et pourquoi ne pas le dire franchement : si un jour même une expérience scolaire devait déranger un peu les habitudes de nos écoliers, raccourcir un peu le temps de leur récréation, les obliger momentanément à un effort inusité de travail ou en faire rester quelques-uns en classe après l'heure.... je ne vois pas pourquoi, on n'en profiterait pas pour leur donner à cette occasion, une petite leçon de solidarité.... [1] ».

§ III. Mon analyse psychologique avait pour but d'une part une étude différentielle des individus et de l'autre une étude générale de l'évolution intellectuelle et affective de l'adolescente. Les résultats de ce travail — on sait ce qu'il faut de temps et de papier ! pour

---

[1] E. CLAPARÈDE : *Un institut des sciences de l'éducation et les besoins auxquels il répond.* (Arch. de Psych. 1912, p. 45-46.)

tirer parti de tests qui n'ont coûté que quelques instants aux sujets — permettent une esquisse de la *psychologie de l'adolescente* qui, malgré les lacunes qu'elle renferme (on ne peut en quelques années résoudre tous les problèmes d'un sujet si fécond), appellera, nous l'espérons, l'attention des éducateurs sur cette phase trop négligée de la vie féminine. Le propre de cette monographie est de considérer l'adolescente comme un « être vivant » en étudiant directement la constitution physique et le développement mental de nombreuses jeunes filles, et d'établir, par la méthode expérimentale, ce qu'est l'*évolution psychique* chez elle, avant, pendant et après l'établissement de la puberté. L'analyse de la vie mentale et émotive de 40 sujets — étayée de longs calculs, illustrée de tableaux et schémas — aboutit à un portrait synthétique, c'est notre *Première partie: Psychologie générale*. L'adolescente, selon son stade de développement intellectuel, est apte à tel travail plutôt qu'à tel autre; son vocabulaire est plus ou moins riche; elle a certaine capacité de mémoire, ne peut fournir que telle dose d'attention, est incapable d'un gros effort de volonté; par contre, elle est très suggestible, très affective, porte intérêt à toute autre chose que ce qu'on a coutume de lui enseigner d'après les programmes officiels, d'où la conclusion qui s'impose : connaissant ses capacités, on devrait utiliser les tendances naturelles de l'adolescente pour aider son éducation, plutôt que de prétendre à « forcer l'évolution »; il est inutile, par exemple, de faire de l'abstraction avec la fillette toute à l'intelligence sensorielle ou de la synthèse à l'époque où elle ne voit que le détail.... etc. Nous avons établi le barème des processus psychiques aux divers stades de l'adolescence; cela permettra de comparer les résultats particuliers d'une seule jeune fille (qui aurait subi les mêmes épreuves) à ces barêmes-étalons, pour déterminer sa valeur psychologique individuelle et son orientation pour la vie. Cela fait l'objet de notre *Deuxième Partie : Psychologie individuelle :* elle renferme quelques portraits psychologiques afin de prouver la valeur de la méthode des tests et de faire voir comment elle pénètre mieux le sujet que les procédés courants des enquêtes scolaires. Une courte introduction sur le développement physique de l'adolescente s'imposait, vu l'importance de l'évolution physiologique à la puberté. Nous abordons en outre un problème délicat (et controversé) de la psychologie expérimentale, celui de la corrélation des processus psychiques.

Au cours de cette étude, nous établissons fréquemment une antithèse entre la fillette de la période prépubère et l'adolescente formée. Là est l'intérêt de notre sujet car au point de vue de l'idéation et de l'affectivité, l'âge prétendu ingrat présente une vie psychique beaucoup plus riche, plus féconde que la période antérieure; c'est là aussi ce que M. Mendousse souligne dans sa conclusion, d'où la nécessité d'une forte éducation de l'adolescent des deux sexes. Nous l'attendons de la pédagogie nouvelle : connaissant les aptitudes de chaque âge et de chaque individu, elle saura profiter de *l'évolution spontanée* pour l'éducation et l'orientation pratique des nouvelles générations, desquelles nous escomptons alors un meilleur rendement social.

INTRODUCTION

ÉTAT PHYSIOLOGIQUE DE L'ADOLESCENTE

L'évolution psychique de l'adolescence a pour cause — ou pour corrélatif — la transformation physiologique de la puberté.

L'âge de l'adolescence commence, pour Stanley Hall, aux premières manifestations physiques de la puberté et dure tant que l'enfant grandit « adolescit » jusqu'à l'arrêt définitif de sa taille; selon le Dr P. Godin, le terme d'adolescence s'applique à la dernière phase de l'enfance ou phase péripubertaire [1]; la puberté apparaît, chez l'adolescent, de 14 à 16 ans ou de 15 à 17 [2]. La nature procède évidemment par progressions insensibles et ne permet pas de délimitations précises. Parmi les éducateurs, Mgr Dupanloup et Marion fixent l'adolescence des jeunes filles de 12 à 15 ans, tandis que Mme Necker de Saussure la prolonge de 15 à 18 ans, jusqu'à la nubilité. La date de la puberté chez l'adolescente est très variable, mais elle se manifeste surtout de 13 à 15 ans, selon le Dr Francillon [3] : c'est aussi la phase que nous étudions, l'âge moyen de nos classes étant, au début de l'année, *13 ans 5 mois*, donc, à la fin de la période d'analyse,

---

[1] *La Croissance pendant l'âge scolaire*, p. 20.
[2] MENDOUSSE, p. 20.
[3] Dr FRANCILLON, p. 170.

14 ans 5 mois, soit : *a)* en 1re année, la moyenne des
17 sujets qui prirent part à tous les tests étant 13 ans
1 mois 15 jours, *b)* en IIme année, celle des 19 sujets
qui firent tous les tests, 13 ans 8 mois 9 jours.

A. Développement physique

Bien qu'il naisse plus de garçons que de filles, il semble que la femme ait, selon les statistiques, une vitalité
plus forte et une durée de vie plus longue que l'homme.
Celui-ci cependant accuse à tous les âges un développement physique supérieur en poids et en taille, sauf
de 12 à 15 ans : cette exception est due à la puberté qui
se manifeste plus tôt chez la jeune fille.

Taille. Nous ne relevons des statistiques que les mensurations de Quetelet de Bruxelles et de Niceforo de
Lausanne. Personnellement, j'ai noté à six reprises au
cours de l'année la taille et le poids de 150 adolescentes
d'école secondaire (avec les chaussures et les vêtements);
ces moyennes sont un peu supérieures à celles des élèves
de l'école primaire, car il s'opère une sélection à l'entrée dans l'enseignement secondaire, les enfants des
classes pauvres allant directement à la vie pratique
(l'anthropométrie prouve que ceux-ci ont un développement physique un peu inférieur à ceux des classes
aisées).

La période de la plus grande croissance serait ainsi
de 12 à 15 ans chez l'adolescente, environ 3 ans avant
celle des garçons. La courbe atteint son maximum de
rapidité à 14 ans, soit à l'époque d'apparition des premières menstrues. Nos adolescentes ont grandi considérablement de 12 ½ à 15 ans, faisant jusqu'à 6 cm. en
six mois.

« Parmi les causes capables d'influer sur les dispositions de l'organisme, la croissance figure au premier rang, pendant toute l'élaboration de l'adulte », remarque le Dr Paul Godin pour qui la stature n'est qu'un des multiples facteurs de la croissance [1].

Poids. Dans la période pubère, l'augmentation en poids est un peu postérieure au développement rapide de la stature; ce n'est qu'après 13 ans et jusqu'à 15, que la courbe est très accentuée chez nos sujets. Après les grandes vacances, tandis que la Ire année accusait 800 gr. d'augmentation moyenne, la IIme faisait 1200 gr. En temps de travail, j'ai noté encore 150 gr. en Ire année et 200 à 300 gr. en IIme pour une période de six semaines.

I. DÉVELOPPEMENT PHYSIQUE DE L'ADOLESCENTE.

AGE	QUETELET		NICEFORO		M. EVARD [1]		Dr FRAN-CILLON
	Poids	Taille	Poids	Taille	Poids	Taille	Taille
ans	kg.	m.	kg.	m.	kg.	m.	m.
12	29,82	1,353	34,70	1,414	35,250	1,445	1,415
12 1/2	—	—	—	—	35,877	1,460	—
13	32,94	1,403	37,80	1,473	37,537	1,503	1,458
13 1/2	—	—	—	—	41,100	1,512	—
14	36,70	1,453	43,30	1,495	43,532	1,549	1,500
14 1/2	—	—	—	—	45,669	1,562	—
15	40,37	1,499	—	—	50,866	1,617	1,570
15 1/2	—	—	—	—	53	1,620	—
16	43,57	1,535	—	—	54,250	1,650	—

Tout instituteur devrait établir, à dates fixes, le poids et la taille de ses élèves (le carnet du Dr Matthieu [3], qui

---

[1] *La croissance pendant l'âge scolaire*, p. 13.
[2] Ma méthode a l'avantage d'examiner toujours les *mêmes* enfants, ce qui n'est pas le cas de mes devanciers (au physique et au moral).
[3] *Le dossier sanitaire des écoliers* (Education, 2 juin 1011).

porte en pointillé les courbes normales, permettrait de saisir nettement les variations individuelles) ou mieux, recourir à la *méthode auxanologique* du Dr Godin, méthode individuelle, périodique et polymétrique [1]; une sensible infériorité de poids, signalée à temps aux parents, préviendrait peut-être le surmenage ou quelque maladie.

Mensurations crâniennes. Le crâne de la femme est plus petit que celui de l'homme, l'angle facial plus aigu. A la puberté, il est sensiblement proche de la normale de l'âge adulte. On a voulu établir, entre l'intelligence et les dimensions de la tête, une corrélation absolue. Le cerveau de la femme est plus petit que celui de l'homme, toutefois d'après Manouvrier [2], la femme possède un cerveau « absolument plus petit, mais *relativement* plus volumineux » que celui de l'homme.

La *force musculaire*, toujours bien inférieure à celle des garçons du même âge, ne paraît pas croître à l'époque de l'adolescence, malgré la supériorité du développement physique.

La *dextralité*. D'après Schuyten, l'école favorise la supériorité du cerveau gauche sur le cerveau droit, c'est-à-dire accentue l'asymétrie corporelle ; il se peut aussi que ce soit un simple effet de l'âge. La senestralité [3] serait plus fréquente chez les femmes que chez les hommes (5,8 % contre 4 %). Cinq adolescentes dans chacune de mes deux classes présentent cette particularité, ce qui est énorme; bien qu'elle soit nette à l'observation (jeu de balle, préhension des objets, etc.) elle n'est avouée que rarement et avec gêne. Cette habi-

---

[1] *La croissance pendant l'âge scolaire,* p. 32-33.
[2] Dictionnaire de physiologie de Richet. Article *Cerveau.*
[3] Plutôt ce néologisme pour désigner l'état de celui qui est gaucher, que le terme de gaucherie utilisé par Schuyten et autres psychologues.

tude devient de plus en plus impérieuse : « J'ai fait tout
ce que j'ai pu pour m'en corriger; mais c'est plus fort
que moi », confessait l'une d'elles. La dextralité semble
se développer à l'adolescence; l'ambidextrie n'existe
plus à cet âge, sauf pour l'écriture et très rarement.

L'état de santé. Si nous exceptons deux élèves de Ire
année qui ont dû interrompre momentanément leurs
études, l'une à cause de chorée, l'autre par suite d'une
rougeole compliquée de scarlatine, la fréquentation a été
régulière : un demi-jour d'absence par élève en Ire année
et un jour par élève en IIme année en moyenne. Les
seules indispositions furent les maux de tête et de gorge,
indigestions, hémorragies nasales, etc. D'après les renseignements des élèves et des parents, le sommeil a été,
en moyenne, de 9 heures par jour, le travail scolaire quo-
tidien de 5 heures, les préparations à domicile de 2
heures ($+$ 1 heure de musique chez la plupart), sans
déterminer ni fatigue, ni surmenage. Les seules grosses
pertes de poids étaient dues à une marche exagérée :
quelques jeunes filles avaient à faire quatre fois par
jour deux ou trois kilomètres pour se rendre en classe.
M. Schuyten a constaté qu'à 12 ans une marche excé-
dant 1500 mètres nuit au travail intellectuel; rien d'éton-
nant s'il y eut répercussion sur le physique chez nos
sujets !

B. DÉVELOPPEMENT PHYSIOLOGIQUE

Le corps humain ne cesse d'être le siège de remanie-
ments, depuis la naissance jusqu'à l'âge sénile; mais il
est une phase où cette affirmation est indiscutable : c'est
la période qui sépare la naissance de la puberté. « Chez
la femme, la *maturité sexuelle* est la conséquence d'une
longue évolution organogénétique ; elle est tellement

complexe que les fonctions les plus diverses, unies entre elles par d'étroites corrélations, se modifient de manière à converger toutes en vue de l'établissement de la vie génitale. » (Dr Francillon.) Mais les phénomènes de différenciation sexuelle qui s'ébauchent dès l'enfance ne se manifestent pleinement qu'au moment de la puberté (13 à 15 ans), dans la phase même qui constitue notre champ d'investigation psychologique.

Caractères sexuels primaires. C'est sous ce nom que, depuis Hunter, on classe toutes les modifications des *organes génitaux.* A l'époque de la *puberté* — cette « seconde naissance », comme dit Rousseau — l'appareil génital se transforme en vue des fonctions futures [1]. La première hémorragie cataméniale a lieu entre 14 et 15 ans au dire des spécialistes. Sans poser directement la question, l'observation, les congés de gymnastique, les causeries avec les mères m'ont permis d'établir le tableau II (page 17); avant 13 ans, la menstruation est exceptionnelle. Une bonne constitution, une hygiène bien comprise, une alimentation suffisante accélèrent la puberté, sur laquelle influent encore le climat, la latitude (la puberté est plus précoce dans les pays chauds, au sud qu'au nord) et le milieu social : les mauvaises lectures, les mauvais exemples en avancent l'apparition. Tandis que nos sujets de Ire année étaient encore à la période prépubère, les adolescentes de IIme année ont doublé le « cap »; c'est manifestement après les grandes vacances, simultanément à la période d'accroissement physique, qu'apparaissent les premières menstrues ou, pour d'autres, dans la période de fatigue des examens.

---

[1] Voir l'*Essai sur la puberté* du Dr FRANCILLON, en ce qui concerne les jeunes filles et pour l'étude physiologique des garçons, *La croissance pendant l'âge scolaire*, du Dr GODIN.

II. MENSTRUATION.

	D'après Dr FRANCILLON	D'après M. EVARD
De 12 à 13 ans . .	15,09 %	5 %
De 13 à 14 ans . .	16,74 %	15 %
De 14 à 15 ans , .	18,40 %	45 %
De 15 à 16 ans . .	15,08 %	10 %
De 16 à 22 ans . .	26,49 %	25 %

Caractères sexuels secondaires. A la puberté, parfois un peu avant la première menstruation, apparaissent les modifications qui donnent au corps les traits féminins : délicatesse du squelette, largeur du bassin, développement des seins, rondeur des formes, abondance de la chevelure, etc. C'est alors que les membres s'allongent, d'où les crises de croissance rapide qui déterminent parfois, chez l'adolescente, des douleurs épiphysaires, des troubles dyspepsiques et nerveux. Les systèmes hémolymphatique et sécréteur présentent de notables transformations chimiques (du sang, des sueurs, de l'urine). La respiration accuse une plus grande capacité vitale, les poumons ont augmenté et l'absorption d'oxygène est plus considérable; le larynx se développe, d'où la mue de la voix, qui dure de 6 mois à 2 ans et cela chez les jeunes filles comme chez les garçons; la voix féminine s'élève de tonalité. La croissance volumétrique du cœur est remarquable, au moment de la puberté, d'où parfois des troubles : palpitations, crises de dyspnée, etc. L'accélération du pouls est contestée par certains physiologistes; la pression artérielle est plus forte, surtout dans les périodes cataméniales. Tandis que le thymus diminue, les sécrétions ovariennes, thyroïdienne et hypophysienne ont une influence nouvelle sur le système osseux, lors de la crise pubérale.

Cette courte revue des transformations physiologiques de la puberté, chez l'adolescente, suffit à faire admettre que la jeune fille de cet âge présente un organisme d'une *vulnérabilité* toute spéciale; en conséquence, l'état cinesthésique de l'adolescente subit de profondes modifications, parfois douloureuses jusqu'à amener la défaillance. Tant de causes fatiguent l'organisme que beaucoup de maladies peuvent survenir alors, notamment chez les sujets à hérédité chargée; les *maladies nerveuses*, tout particulièrement la *chlorose* [1], maladie d'évolution de la crise pubérale de la jeune fille, puis la *neurasthénie, l'hystérie, l'épilepsie, la chorée* peuvent apparaître alors, sans que la crise physiologique soit seule en cause. D'autres maladies sont influencées par la puberté, surtout les déviations du rachis, notamment la *scoliose*, causée souvent par la croissance (les trois quarts des cas sont chez les jeunes filles).

La *puberté* n'est pas un état pathologique, mais une phase de transformations intenses dans *l'organisme* et le *psychisme de l'individu.*

· La transformation intellectuelle et morale qui survient au moment de la puberté n'est pas moins importante que les changements dans la constitution physique de l'organisme », écrit le Dr Francillon qui consacre un chapitre de son livre à la « psychologie » de la jeune fille.

Il existe en effet une union entre les différents organes, de telle sorte que des fonctions tout à fait disparates, qui semblent avoir leur autonomie propre, se prêtent

_____
[1] L'influence du système nerveux dans la chlorose a été reconnue par de nombreux spécialistes. Voir Dr FRANCILLON, p. 234.

souvent un appui réciproque. C'est ainsi que le cerveau, organe central de la vie, est le point central où viennent se répercuter toutes les souffrances de l'économie. La puberté est un moment favorable pour saisir les relations qui unissent les phénomènes d'ordre génital aux phénomènes cérébraux. « Des changements importants surviennent dans les fonctions du système nerveux central, lorsque s'éveille l'activité génitale [1]. » « Comprise, et en partie expliquée, la puberté cessant d'être une énigme pour l'éducateur, il dépend de lui d'en faire un point d'appui et d'y trouver un peu de lumière aux heures difficiles de la direction éducatrice individuelle, ainsi que l'indispensable base physiologique d'une puberté psychologique adéquate à la réalité [2]. »

Peut-être ne faut-il pas considérer l'organisation sexuelle comme une cause de l'adolescence mentale, mais voir là deux ordres de faits connexes (Lancaster). « Comme l'organisme, la conscience traverse une véritable crise pubère, marquée par l'avènement des tendances qui jouent dans la vie de l'adulte le rôle le plus important, si elles parviennent à s'organiser [3]. »

L'adolescence constitue un champ d'expérimentation du plus haut intérêt, tant pour le physiologiste que pour le psychologue, par la nouveauté même du sujet : ce prétendu « âge ingrat » a été défini par Stanley Hall « l'âge d'or de la vie » à cause de l'extraordinaire épanouissement mental et affectif qui accompagne l'évolution physiologique.

---

[1] FRANCILLON, p. 191.
[2] Dr P. GODIN, loc. cit. p. 81.
[3] MENDOUSSE, p. 53.

PREMIÈRE PARTIE

PSYCHOLOGIE GÉNÉRALE

L'étude de 40 sujets, bien connus de l'expérimentateur, par l'application des mêmes tests pendant un an, n'aboutit pas seulement à des portraits de psychologie individuelle, mais elle permet aussi de tracer un tableau général de *l'épanouissement intellectuel et affectif de l'adolescente;* nous pouvons parler de l'adolescente-type de 13 à 15 ans, les résultats ayant été contrôlés parfois dans des classes parallèles et dans d'autres villes.

Sans accorder aux anciennes *facultés* de la psychologie dogmatique d'autre importance que celle d'un « terme générique » groupant des phénomènes analogues [1], nous avons analysé d'une part *l'idéation* de l'adolescente, d'autre part son *affectivité*, de façon à esquisser *l'évolution psychique* de la fillette se métamorphosant en jeune fille.

Un *test* consiste en un travail rapide (dont l'expérimentateur connaît bien la portée) répété un grand nombre de fois et qui — exécuté par tous les sujets dans le même temps et dans des conditions analogues — permet une appréciation mathématique. Un test peut être envisagé à divers points de vue. Ex. : l'association-couple a été étudiée selon la valeur associative, le voca-

---

[1] ALEX. BAIN. *Les sens et l'intelligence.*

bulaire, l'originalité et la banalité, la suggestibilité de l'inducteur, la mémoire de conservation, les révélations d'ordre affectif, etc. Les résultats de chaque test fournissent : 1° la *moyenne* de chaque classe, ici de Ire et de IIme année, sorte de *barême* [1] selon l'expression pittoresque de M. Vaney, servant d'échelle d'évaluation des individus (avancés, réguliers ou retardés) ou d'*échelle métrique* [2] de l'évolution psychique. L'échelle est à deux degrés quand nous comparons deux classes; échelle à trois degrés quand nous examinons les résultats : *a*) de la Ire année à sa sortie de l'école primaire : c'est le stade de la *fillette* (13 ans à 13 ans et demi); *b*) de la Ire année (même classe) : stade de *l'adolescente* (dès septembre, période pubertaire) et de la IIme année du début de l'année scolaire (13 ans et demi à 14 ans et demi); *c*) de la IIme année (mêmes sujets) à la fin de l'année d'étude: c'est le stade de la *jeune fille* (la période pubertaire étant franchie); 2° le *rang particulier* de chaque sujet, établi par la comparaison de ses chiffres au barême de classe. Nos sujets ont fait 22 tests [3] qui ont donné lieu à 41 classements particuliers.

Nous réunissons en un chapitre les résultats de plusieurs tests visant l'analyse des mêmes *processus mentaux*. Pour faire la preuve mathématique de la ressemblance des tests de même faculté, voir les formules p. 163, chap. IX. Nous déterminons en fin de chapitre le *rang global* des individus, synthèse des rangs particuliers de tous les tests d'une même faculté. Ex. : rang global d'intelligence selon le vocabulaire, global d'attention, etc. Quelques sujets ont toujours le même rang

---

[1] *Mesure du degré d'instruction* (Ann. psych. IV, 144-162, 1904).

[2] Terme de BINET.

[3] Il me paraît utile de donner le calendrier des tests faits au cours de l'année scolaire; celle-ci commence en mai et finit en avril. (Voir fig. I.)

dans les divers tests d'un même processus; nous disons alors qu'il y a pour eux *constance absolue* dans le rang, la *constance relative* présentant des écarts d'un ou deux chiffres seulement. Ex. :

Yvonne, aux 4 tests d'originalité : 8, 8, 8, 8 et au global *8*, constance absolue.

Louise, aux 4 tests d'originalité : 12, 11, 13, 11 et au global *12*, constance relative.

Faire la *synthèse* du développement psychique de l'adolescente, c'est établir : 1º *la corrélation des chapitres*, c'est-à-dire s'il y a un rapport entre le classement des sujets selon l'intelligence et l'affectivité, si peut-être la mémoire marche de pair avec l'attention, si l'originalité dépend plus de l'affectivité que de l'intelligence, etc. 2º *le rang psychologique* de chaque individu d'après l'ensemble des rangs globaux. La comparaison de ce classement (ou du rang intellectuel seulement) avec le développement physique, le rang des bulletins scolaires, etc., nous permettra de répondre à quelques-uns des points interrogatifs de la pédagogie moderne, tout en définissant par la méthode expérimentale l'évolution psychique de l'adolescence.

CHAPITRE PREMIER

MESURE DE L'INTELLIGENCE PAR L'ASSOCIATION DES IDÉES

§ I. L'association des idées a été interprétée jusqu'ici au point de vue du type mental de l'individu. C'est ainsi que Münsterberg [1], B. Bourdon [2], Meumann [3] l'ont envisagée et que M. Claparède la considère quand il affirme que « le même inducteur, dans un même milieu et un même état d'esprit » donnera des induits différents selon l'éducation, la vie passée et le coefficient individuel [4]. Plusieurs psychologues contemporains (Thumb, Marbe, Watt, Jung, Bovet, etc.) usent de l'association des idées pour l'investigation des processus supérieurs de l'intelligence.

Les formes d'association de prédilection ne sont pas les mêmes chez la fillette, l'adolescente ou la jeune fille : elles établissent ainsi une *échelle métrique* de l'évolution intellectuelle, si bien que la comparaison des chiffres individuels au barème de classe permet de conclure au retard ou à l'avancement du développement mental de chaque sujet. Tandis que la fillette est encore à l'automatisme (associations externes) ou à la coordination (similarité, antithèse) — formes inférieures d'association des idées, — l'adolescente use de l'analyse (coexis-

---

[1] Cité par CLAPARÈDE, *l'Association*, p. 201.
[2] *Recherches sur les phénomènes psychologiques.*
[3] *Intelligenzprüfungen an Kindern der Volksschule.*
[4] *L'Association des idées*, p. 203.

tence, sur- et subordination) ou de la synthèse (prédication, action, causalité, etc.) qui sont les formes supérieures d'association. Cette gradation est confirmée par la pathologie.

§ II. J'ai utilisé le *test d'association par couple*, imité d'Aschaffenburg [1]. En 4 minutes, je dictais 20 inducteurs à chaque classe, ne laissant que le temps nécessaire à la notation d'un induit; si quelque main habile en fournissait deux, je ne tenais compte que du premier, souvent moins intéressant que le second, venu après réflexion chez un sujet d'idéation particulièrement prompte. Nous fîmes ainsi 17 exercices d'associations-couples, deux par semaine environ, au début d'une leçon, échelonnant les essais sur huit ou dix semaines et cela une première fois en mai et juin 1910, puis une deuxième fois en mars et avril 1911. En reprenant ces exercices à la fin de l'année scolaire, dans les mêmes conditions qu'au début, il s'agissait de mesurer le progrès réalisé après un an d'enseignement par les mêmes sujets. Ces 680 couples d'associations — faits par chaque sujet des deux classes — ont été ordonnés selon la *classification Kraepelin-Aschaffenburg* (inspirée des principes de Wundt 1883), à laquelle furent faites quelques modifications d'après les travaux de Ziehen, Bourdon, Münsterberg, Claparède, etc. Les cas douteux ont nécessité des interrogatoires individuels le jour même. Voici :

I. Les *réactions intelligentes :* l'inducteur-mot agit tout entier comme excitant par le sens et par la forme, appelant un induit associé par le sens. Il serait difficile de réduire les diverses formes, car les cas sont nombreux. L'association intelligente se fait par :

---

[1] *Experimentelle Studien über Associationen.*

1. *Similarité.* C'est la synonymie parfaite ou approximative, temple—église, usine—fabrique.

2. *Contiguïté* ou coexistence. Quelques psychologues ramènent cette forme à la similarité; ex. : fumée—cheminée, hirondelle—printemps.

3. *Antithèse.* On réduit parfois le contraste à la similarité ou à la contiguïté ; ex. : lenteur—vitesse, archaïsme—néologisme.

4. *Surordination*, c'est-à-dire la généralisation qui, de l'inducteur espèce ou partie, remonte au genre ou au tout ; j'y ai assimilé la définition vague, de même tendance ; ex. : mouche—insecte, cœur—organe, racine—arbre, girofle—aliment.

5. *Subordination*, tendance au particulier, au précis. Elle répond, à un inducteur marquant le genre, le tout, par l'espèce, la partie; ex. : racine—de réglisse, automobile—moteur.

6. *Prédication.* Ce sont des explications personnelles ou quelconques, rendues par des adjectifs, des adverbes, parfois un fragment de phrase : arithmétique—ennuyeux, caractère—doux.

7. *Action.* Un jugement amène le sujet ou l'objet d'un verbe ou bien un verbe après un substantif; ex. : ramper—serpent, ronfler—papa, tambour—publier, tisser—lin, arracher—dent.

8. *Causalité.* L'induit remonte à la cause ou indique l'effet; ex. : fatigué—marche, bossu—se tenir mal, automobile—poussière.

9. *Finalité.* L'induit indique le but, ou le moyen, l'agent; ex. : altruisme—prochain, maladie—remède, miracle—Jésus.

10. *Temps et lieu*, réactions peu nombreuses; ex. : Carthage—antiquité, colonie—Afrique.

11. *Associations médiales* qui ne sont comprises que par rétablissement d'un moyen terme; ex. : automate (Jaquet-Droz) — dessins ; tisser (filer)—Reine Berthe; cor (Roland)—Charlemagne.

II. *Les réactions externes.* L'inducteur n'agit que par le son et l'induit n'a qu'une valeur sensorielle, produit d'automatisme généralement. Ce sont :

12. *Réactions motrices-verbales*, citations, lieux communs, redites scolaires; ex. : déluge—Noé, lac—Lamartine, major—Davel.

13. *Mots composés et dérivés*, ex. : image—d'Epinai, intestin—grêle, orchidée—orchis, déesse—dieu.

14. *Assonances.* C'est « l'excitant diminué » de Claparède. Certains induits sont des allitérations, d'autres ont une apparence de rimes ou rythment symétriquement les syllabes; ex. : allusion—hallucination, budget —muguet, solfège—sol, cacophonie—carafe.

Je classe ici des induits où une réaction externe et une réaction intelligente semblent simultanées. Dans cette « association mixte », le phénomène sensoriel est le premier; ex. : satire—pierre (saphir a surgi dans la mémoire), coupole—tasse (coupe), idiome—faux dieux (idole).

III. *Les associations sans valeur* sont l'absence totale d'induit, l'indication qu'il ne se fait aucune réaction (« inconnu », « je ne sais pas », « rien trouvé ») les associations dépourvues de sens, pour le sujet lui-même, ou la reproduction inconsciente de l'inducteur.

Il fallut tenir compte aussi de ce que M. Claparède appelle si joliment *l'aiguillage* de l'association, dont les principaux facteurs sont :

a) *La préparation de l'inducteur.* L'inducteur-mot subit parfois une déformation de son et partant de sens, chez des sujets qui souffrent d'une mauvaise ouïe et par suite de la résonnance de la salle, trop grande, où j'opérais en IIme année. Exemples d'inducteurs déformés : tricoter=tripoter, herse=Perse, joli=je lis, chaîne =haine.

b) *L'action du ton affectif de l'inducteur* qui évoquera des souvenirs personnels; ex. : Neuchâtel—mon oncle, arithmétique—je déteste, treize—jaune [1], moi—sotte.

c) *L'âge de l'association;* c'est la « persévération » des psychologues allemands; d'anciens inducteurs ou induits reparaissent peu après ou le même induit reparaît plusieurs fois dans le même exercice. Ex. :

Chantecler—curiosité, nuire—mauvais, découverte—pays, nouveauté—Chantecler, traître—mauvais, timbre—pays.

d) *L'influence du milieu;* la salle d'école étant notre seul laboratoire de psychologie, la classe a évoqué une foule d'induits relatifs à la vie scolaire. Ex. : facile— problème.

e) *L'idiosyncrasie d'intérêt;* l'inconscient héréditaire ou personnel de Ribot [2] influence l'aiguillage (voir chapitre VIII). Ex. : ami—infidèle, trésor, vrai, intime, inconstant—Paul.

f) *L'état physiologique du sujet.* Comme Binet l'a remarqué [3], la *fatigue* augmente l'automatisme ou abaisse la qualité intellectuelle du couple. Elle a évidemment vicié les résultats en mars et avril 1911, époque où la fatigue scolaire est notoire (maux de tête, hémorragies nasales, évanouissements) et s'accuse par l'augmentation des blancs, de la persévération, des asso-

---

[1] Photisme.
[2] *Psychologie des sentiments.* « C'est le résultat de la cinesthésie »…. « Suivant que l'on est gai, mélancolique, etc., il se produit une sélection inconsciente parmi les idées qui surgissent dans la conscience. »
[3] *L'Étude expérimentale de l'intelligence,* p. 28-29.

ciations médiates. L'automatisme augmente également chez les sujets de *mauvaise santé*. Voici les chiffres de quelques sujets qui diminuèrent de 3 et 4 kg. en un trimestre, accusant des troubles nerveux.

Associations externes : 15, 15 ½, 16 et 12 %, associations sans valeur 5 ½, 9, 7 ½, 9 %.

La moyenne normale étant 10 et 8 %, aux associations externes; 4 ½ et 5 ½ %, aux associations sans valeur.

Fait étrange, un gros orage (23 mai) a augmenté sensiblement l'automatisme.

g) *L'influence du temps de réaction :* En pressant mes élèves ou en réduisant un exercice de 4 minutes à 2 ½ par exemple, l'augmentation d'automatisme est telle que le test n'a plus la même portée. (Il fallut éliminer cet exercice.)

h) *L'influence de l'exercice* compense partiellement les pertes dues à la fatigue.

Les cinq premiers exercices donnaient 9 et 10 % associations sans valeur, 13 et 15 % associations externes.

Les cinq derniers exercices donnaient 1 ½ et 2 % associations sans valeur, 4 et 6 % associations externes.

i) *La personne de l'expérimentateur.* Mes sujets ont évoqué aussi souvent que possible des clichés d'histoire, alors même que les inducteurs n'avaient rien de suggestif, simplement parce que l'histoire est ma spécialité au collège, ex. : cire—Rarogne, force—Hercule, franc—Clovis, tombeau—Ramsès.

§ III. Les *résultats* de cette analyse figurent au tableau III, page 30, dont voici les conclusions : les *associations intelligentes* sont plus nombreuses en IIme année qu'en Ire (schémas fig. 2); les *associations externes et sans valeur* sont plus faibles en IIme qu'en Ire; cela prouve déjà une différence intellectuelle entre les deux classes. La IIme année est supérieure parce qu'elle a moins de réactions stéréotypées d'automatisme. Toutes les formes d'associations intelligentes n'ont pas même intérêt; les unes paraissent tantôt avec de forts, tantôt avec de faibles coefficients, suivant la classe ou la date de nos expériences :

III. ASSOCIATIONS-COUPLES.

		MOYENNES DE Ire ANNÉE		MOYENNES DE IIme ANNÉE	
		1910	1911	1910	1911
		%	%	%	%
1. Synthèse	I. Associat. intelligentes	77	86	83	87
	Temps et lieu . . .	1/3 et 1	1/10 et 3	1/2 et 2 1/2	1 1/2 et 4
	Causalité	1	3	2	2
	Finalité	1	1 1/2	1/2	3
	Action	4	6	7	8
	Prédication . . .	2 1/2	4 1/2	4 1/2	7
2. Analyse	Subordination . . .	5 1/2	0 1/2	0 1/2	10 1/2
	Surordination . . .	0	12	12 1/2	10 1/2
	Contiguïté	11	13	18	19
3. Coordination	Similarité.	22 1/2	11 1/2	15	9
	Antithèse.	18 1/2	10	10	9
	Associations médiates	1	2	1	4
4. Automatisme	II. Associat. externes .	15 1/2	10	10 1/2	8
	Réactions motrices verbales	2	1	3	5
	Composés et dérivés	0	6 1/2	6 1/2	1 1/2
	Assonances	4 1/2	3	1	1
	III. Assoc. sans valeur	7 1/5	4 1/10	6 1/2	5 1/5
	Réact. dépourvues de sens	1	1	1	1 1/2
	Inducteurs	1/5	1/10	1/8	1/5
	Blancs	6	3	5	3

LA Ire ANNÉE 1910 représente la *fillette* sortant de l'école primaire. Dans les formes d'associations intelligentes, elle a partout des chiffres inférieurs aux moyennes de IIme, sauf en *similarité* 22 ½ % et *antithèse* 18 ½ %. Son mode habituel d'association des idées est ainsi *la coordination*, par ressemblance ou contraste, 41 %, les autres formes intelligentes ne faisant ensemble que 30 %.

La IIme ANNÉE 1910 représente à proprement parler, *l'adolescente;* ses moyennes les plus élevées des associations intelligentes sont celles de *contiguïté* 18 %, *surordination* 12 ½ %, *subordination* 9 ½ % qui prouvent un tour d'esprit particulier, *l'analyse* 40 %, la coordination n'étant que de 25 % et les autres formes intelligentes de 11 ½ %.

La Ire ANNÉE 1911, bien qu'avec les mêmes sujets qu'en 1910, approche sensiblement du type mental de l'adolescente; en 1911, elle accuse un réel progrès : diminution des réactions externes et de la coordination et hausse des formes *d'analyse* 32 % (au lieu de 25 ½ %) et des réactions de prédication, finalité, causalité, etc., c'est-à-dire des manifestations de l'esprit de *synthèse* 17 ½ % (au lieu de 5 %).

La IIme ANNÉE 1911 (mêmes sujets qu'en 1910), manifeste un type mental supérieur aux précédents; automatisme et coordination ont diminué encore au profit de *l'analyse* et de la *synthèse* (celle-ci de 25 ½ %), c'est-à-dire des réactions de jugement qui sont les associations de prédilection de la *jeune fille*, après deux ans d'enseignement secondaire. W. James a dit : « L'association est l'habitude dans le domaine de la pensée [1]. » Un an, deux ans de plus de scolarité établissent une grande différence intellectuelle entre nos sujets dont les associations révèlent une tout autre tournure d'esprit selon la classe.

---

[1] *Causeries pédagogiques.*

Nous pouvons déduire de cela une *échelle de valeur des formes associatives* :

1. La fillette (Ire année 1910) est caractérisée par un type mental propre, celui de *coordinateur*.

2. L'adolescente (IIme année 1910 et Ire 1911) est caractérisée par un type mental propre, celui *d'analyste*.

3. La jeune fille (IIme année 1911) est caractérisée par un type mental propre, *le type synthétiste*.

Pris individuellement, nos sujets présentent le type mental propre de leur classe, si leurs chiffres particuliers se rapprochent de la moyenne du groupe formant barême (tableau ıv). D'autres sont en retard; des jeunes

IV. BARÊME DE L'ÉVOLUTION INTELLECTUELLE
D'APRÈS LES ASSOCIATIONS.

		I. L'automate	II. Le coordinateur	III. L'analyste	IV. Le synthétiste
		Assoc. externes	Similarité antithèse	Contig. sur et sub.	Prédicat.-action
		%	%	%	%
Fillette	Ire année 1910	15 $^1/_2$	41	25 $^1/_2$	5
Adolescente {	IIme » 1910	10 $^1/_2$	25	40	11 $^1/_2$
	Ire » 1911	10 $^1/_2$	34	32 $^1/_2$	17 $^1/_2$
Jeune fille	IIme » 1911	8	22	40	25 $^1/_2$

filles de IIme année 1911 n'en sont qu'au type analyste, des adolescentes sont restées au stade coordinateur, des fillettes qui n'ont que des coefficients faibles d'associations intelligentes ont alors un gros pour-cent d'associations externes; celles-là sont du type *automate*, si elles forcent les chiffres ci-dessus. Enfin, certains individus sont *en avance* sur leur groupe : des fillettes (au début de la Ire année) réalisent déjà le type mental de l'analyste ou du synthétiste, des adolescentes ont de très gros pour-cent de synthèse, dépassant ainsi le barême.

§ IV. Selon l'évolution intellectuelle de nos sujets, nous établissons la gradation suivante : 1. *Automatisme.* 2. *Coordination.* 3. *Analyse.* 4. *Synthèse.*

Plus les coefficients d'analyse et de synthèse sont élevés, plus la classe (ou le sujet) est avancée intellectuellement; par contre, plus les chiffres d'automatisme et de coordination croissent, moins la classe (ou l'élève) est développée. C'est ainsi que nous avons construit les courbes de valeur (planche 3) : la IIme année 1911 s'écarte moins de la IIme année 1910 que la Ire année 1911 de la Ire 1910; ainsi le *progrès intellectuel* est plus grand au cours de la première année d'enseignement secondaire, c'est-à-dire pendant *l'évolution de la fillette à l'adolescente.*

La gradation de valeur que nous venons d'établir des formes associatives chez les adolescentes est en harmonie avec celles de la *psychométrie* et de la *pathologie* des associations.

La valeur des formes associatives est *en raison inverse de la vitesse d'association.* En réduisant le temps de chaque couple à 9 ou 6 secondes seulement au lieu de 12 (comme dans nos tests), on constate une augmentation d'automatisme, c'est-à-dire des associations externes et sans valeur, ainsi qu'un abaissement de la qualité des associations intelligentes : les sujets accusent de l'agitation, un trouble évident, d'où inhibition partielle (ou totale) de ce que Grasset appelle « le centre o » de son polygone, à savoir, le moi supérieur; alors, les centres inférieurs réagissent seuls, selon l'habitude, la routine, le sillon le plus profondément creusé. La *psychométrie* ou mensuration des temps de réaction, établie par M. Claparède d'après de nombreuses monographies, révèle une certaine gradation de vitesse — et par consé-

quent de qualité — dans les formes associatives : les
plus *rapides* sont les associations mécanisées, nos réactions externes et les associations médiates; moins rapides
sont les associations opérant une manière de définition :
similarité, antithèse, surordination, car cette tendance
à la généralisation n'est pas encore l'esprit d'analyse;
c'est encore « rester dans le vague ». Watt [1] qui a opéré
sur des associations prédéterminées trouve la coordination plus rapide que la surordination et celle-ci plus
rapide que la coexistence. Les plus *lentes* sont les associations qui tendent au particulier, du type analyste, et
enfin les réactions de jugement du type synthétique qui
accusent une plus grande culture [2].

La *pathologie* nous apprend que les aliénés parlent

---

[1] *Experimentelle Beiträge zu einer Theorie des Denkens* (Arch. f. d. Ges.
Psych. IV 1905.

[2] *L'association prédicative* que je place dans les formes supérieures,
semble aujourd'hui de peu de valeur. Déjà SOMMER, de Giessen, avait
montré une idiote réagissant de préférence par des adjectifs. FREUD, O.-G.
JUNG ont relevé en abondance des réactions prédicatives chez des psycho-
pathes ou des enfants. Une étude récente de TH. GOETT (cf. Arch. de Psych.
T. XII, p. 192) relève des cas semblables. J'incline à croire qu'il existe deux
modes d'association prédicative : 1° celle où le *petit enfant* ou *l'anormal*
donne des adjectifs à tort et à travers, plus rapide peut-être.

2° celle qui résulte d'un *acte de jugement* précis, personnel, réaction
lente que ZIEHEN appelle *association individuelle* et JUNG *association égo-
centrique*. La majeure partie de mes associations prédicatives sont de ce
genre.

La même remarque s'applique à l'association dite « action ».

Des petits garçons de 8 ans ont réagi à une série d'inducteurs simples par :

1. des réactions prédicatives vagues, générales   45 %
2. des induits d'action   30 %
3. des adjectifs déterminatifs et pronoms   10 %
4. des réactions de similarité, contiguïté   5 %
5. des blancs.   10 %

Ex : Le Locle = petit   —   petit on traverse   petit ville
     patin   = fer   patine beau   on se patine   vrai   les miens
     nuit   = on dort   longue noir   on dort   court cette nuit
     parapluie = noir   long   cassé quand il pleut grand mon
     oreille   = écoute   creux   ronde on entend   court à moi, etc.

ceci est manifestement inférieur aux réactions des adolescentes; ex. :

Le Locle — industrielle, patin — péril, nuit — somnambule, parapluie
— prévoyant, oreille — interne, caractère — timoré, etc.

par *rimes* (écholalie) — psychoses par épuisement; l'inducteur évoque une association externe. C'est dans les périodes de surmenage chronique — une forme de nervosisme psychologique — que l'on fait beaucoup de citations banales, de jeux de mots; l'inattention nous ramène à l'*automatisme;* j'ai personnellement constaté la forte proportion *d'antithèses* dans des cas de neurasthénie (nervosisme pathologique). Quoi qu'on pense de la théorie de Max Nordau sur la dégénérescence des poètes, il suffit de rappeler la place que tiennent chez Rabelais et Hugo l'antithèse, la régression, le calembour, le verbalisme devenu « griserie de vocabulaire », pour faire admettre que ces associations ne sont pas particulières aux mentalités pathologiques seulement. Autre chose; il est notoire que la *fatigue,* l'*émotion* et la *faim* — en ralentissant le travail intellectuel ou en diminuant l'attention — abaissent la qualité associative : Aschaffenburg a expérimenté que le travail de nuit, qui augmente considérablement la fatigue, amène en abondance des associations externes. Jung de Zurich [1] — après avoir déterminé les associations normales de ses sujets — a provoqué chez eux un *trouble d'attention* (distraction par calcul, compte des battements du métronome), la *fatigue* (nuit d'insomnie et de travail psychique), *l'intoxication par l'alcool,* etc.; les résultats accusent alors un abaissement de la *qualité* de l'association, avec augmentation des formes d'associations externes et sans valeur, les plus rapides. Les associations prédicatives sont plus abondantes chez les jeunes gens que chez les vieillards; les associations égocentriques révèlent un trouble d'origine affective et dominent chez les hysté-

---

[1] JUNG et RICKLIN. *Experimentelle Untersuchungen über Associationen Gesunder.* Leipzig 1906.

riques. Les réactions lentes d'analyse et de synthèse n'ont pas été relevées dans les états pathologiques.

§ V. Avec des groupes, nous considérons une évolution ascendante suivant *l'âge* des sujets. Avec des individus, ce n'est plus rigoureusement le cas : telles adolescentes de même âge absolument, l'une en Ire, l'autre en IIme année, présentent des types mentaux tout à fait différents. Avant de s'enquérir de l'âge d'un élève, il faudrait considérer d'abord la *classe* à laquelle il appartient et le barème de celle-ci. L'anthropologiste américain Porter et Binet [1] admettent qu'à égalité d'âge l'enfant le plus intelligent est celui qui occupe la classe la plus avancée. Ex. :

			PREMIÈRE ANNÉE							DEUXIÈME ANNÉE				
			Assoc. sans valeur	Automat.	Coordin.	Analyse	Synthèse			Assoc. sans valeur	Automat.	Coordin.	Analyse	Synthèse
			%	%	%	%	%			%	%	%	%	%
12 ans 8 mois	Thérèse	1910	1½	13	36	25	3	Cécile	1910	2	0	22½	37	18
		1911	2	12	33	33	20		1911	1	3	20	51	25
13 ans 0 mois	Olga	1910	12	6½	59	21	2½	Violette	1910	3½	15	10	37½	16
		1911	8½	8½	45	30	8		1911	0	10	24	41	25

Thérèse est bien, pour l'âge, dans la classe correspondant à son développement mental, tandis que Cécile est en avance d'âge (étant déjà en IIme année !) et d'intelligence. Olga, par contre, devrait être en IIme et n'est qu'en Ire et ses chiffres sont encore bien inférieurs au barème : c'est un sujet *retardé*. Violette est un peu supérieure à la moyenne de classe.

§ VI. Les élèves — qu'elles soient moyennes, en avance ou en retard sur le barème — ont sensiblement le même rang aux deux expériences faites à 10 mois

---

[1] *Les Idées modernes....*

d'intervalle; il y a constance absolue chez 7 sujets, relative chez 15. Mathématiquement, la ressemblance des divers tests se calcule d'après les formules de la page 163 ou encore selon la *méthode Binet* [1] qui présente l'avantage de mesurer un nombre quelconque de tests, tandis que les autres méthodes ne conviennent que pour deux séries. C'est la méthode de la *moyenne arithmétique*. Soit les séries (tests de Ire année) :

TEST 1910.....	1	2	3	4	5	6	7	8	9	10	11	12	13	14	15	16	17	18	19	20
TEST 1911.....	8	2	12	4	6	15	10	13	1	3	16	11	14	17	7	9	5	18	19	20
Moyenne arithmétique	4,5	2	7,5	4	5,5	10,5	8,5	10,5	5	6,5	13,5	11,5	13,5	15,5	11	12,5	11	18	19	20

On calcule pour chaque nombre de chaque série l'écart avec le nombre moyen. La somme des écarts, divisée par le total des nombres, donne le *coefficient de différence*.

Ici $\dfrac{860}{40} = 2{,}15$ en Ire année et en IIme, 2,44.

Le 0 est la corrélation parfaite et 5, le coefficient de différence extrême (séries 1 =20, 2=19, etc.), pour une classe de 20. Nous pouvons affirmer qu'il y a analogie entre les deux classements du test d'associations-couple. Par la formule Pearson, cette corrélation est des 0,4556 (E P = 0,0957) elle est nette et positive (car 0 = hasard et 1 = corrélation parfaite) pour l'ensemble des deux classes.

Le classement de nos adolescentes, selon la valeur qualitative des associations paraît, à première vue, constituer une norme de réelle valeur pour la mesure de l'intelligence. Je dis « à première vue », avant d'utiliser d'autre échelle expérimentale. Cela correspond bien au jugement empirique : Cécile est intelligente, Olga ne l'est pas. L'école associationiste prétendait expliquer tous

---

[1] BINET et HENRI. *La fatigue intellectuelle.*

les phénomènes psychiques par l'analyse de l'association; nous n'en sommes plus là, pourtant il faut reconnaître que l'association des idées est une des formes essentielles de l'idéation. Quelques psychologues pensent arriver par là à la détermination du type mental individuel; peut-être se résoudra-t-il en une question de plus ou moins grande maturité d'esprit.

§ VII. Mentionnons encore ici un autre test d'association d'idées que nous retrouverons plus loin et qui nous a servi à apprécier successivement le vocabulaire, l'originalité et l'affectivité de l'adolescente. C'est le test *d'association en constellation* d'après Ziehen [1]. Un seul inducteur est donné aux élèves qui écrivent librement, en 5 minutes, les induits suggérés. Ici, pas de classement qualitatif possible, car souvent un induit devient inducteur à son tour, appelant une nouvelle constellation d'induits; ex. :

Garçon : gribouiller, drôle, fouet, couple, danse, cadre, risible, se marier, béret, trou, pantalon, manières, cirer, fainéant, fanfaron, vanter, mains dans les poches, mer, mousse, homme, vaisseau, océan, ancre, verdure, maison, fille, frère, robe, fleur, bluet, coquelicot, deux, premier, zélé, travailleur, cheveux, longs, bouclés, clairs, jolis, gracieux.

L'influence de l'exercice est fort intéressante : les premiers exercices de Ire année comptaient à peine 10 mots, les derniers 60 à 70 chez quelques sujets.

Ce test renseigne mieux que l'association-couple sur l'idéation spontanée de nos adolescentes : « Ce contingent d'images, amené automatiquement par contiguïté n'est pas sans valeur, dit Ziehen, surtout s'il émane de

---

[1] *Leitfaden der physiologischen Psychologie.*

l'intérêt, d'une idiosyncrasie héréditaire ou autre. » La méthode de Bleuler et Jung y trouverait beaucoup de révélations. Des inducteurs tels que *poule, araignée* ont peu produit, tandis que *poupée* dans les deux classes, *garçon, affection, rêver, moi* en IIme ont fourni surtout des associations égocentriques. C'est cela qui me donna l'idée de laisser pleine liberté aux jeunes filles, les priant de noter des phrases ou les mots qui leur venaient à l'esprit, pour apprendre à les connaître par l'évocation libre.

CHAPITRE II

MESURE DE L'INTELLIGENCE PAR L'ÉVOCATION LIBRE, LES DESCRIPTIONS, ETC.

Il m'arrive parfois de considérer les diverses formes associatives comme les procédés plus ou moins perfectionnés d'un art industriel, de la gravure appliquée à l'horlogerie, par exemple; nous constatons les résultats plus ou moins habiles d'ouvriers à qui le *thème* est fourni; nous ignorons la source de leurs inspirations personnelles, quand ils sont livrés à eux-mêmes, car l'industrie n'obéit qu'à la demande du client. Les associations d'idées ne sont pas toute l'idéation; pour être complet, il faut encore envisager *l'évocation libre*, c'est-à-dire le travail mental de l'individu dans lequel l'expérimentateur n'intervient en aucune manière. Plus d'inducteurs imposés, comme dans l'association-couple, pas même un thème donné, comme dans l'association en constellation où chaque individu jouit d'une certaine indépendance, comparable à celle de l'ouvrier; nous laissons au sujet liberté absolue de travailler en artiste : c'est bien ce que Binet appelle *l'idéation spontanée*[1].

L'étude de l'évocation libre répond certainement à la question des *aptitudes individuelles*, faisant saillir la *tournure d'esprit particulière à chaque sujet*, question si

---

[1] *Étude expérimentale de l'intelligence*, chap. III.

importante, depuis que la pédagogie expérimentale
s'oriente vers l'individualisme.

La IIme partie de ce chapitre, où l'on juge de l'idéation d'après les *descriptions,* prend plus exactement la
« mesure » de ces particularités individuelles qu'on
nomme aptitudes et qui se ramènent aussi à une *échelle
métrique de l'intelligence,* dont chaque échelon constitue un stade nécessaire de l'évolution mentale de l'adolescente. Il est aisé d'établir le parallélisme entre la gradation des formes associatives et celle des aptitudes.

A. L'ÉVOCATION LIBRE

§ I. Deux genres de tests, imités de Binet et de Flournoy, ont été imposés aux jeunes filles : I. *Les phrases
libres.* Chacun des sujets m'a fourni de 75 à 90 phrases
pendant l'été 1910, c'est-à-dire 5 ou 6 par semaine, toujours sous prétexte d'une statistique de leur vocabulaire. L'hésitation des premiers exercices fut grande ;
puis, comme il n'y avait aucune remarque, chacune se
crut dans la bonne voie et donna sa note personnelle.
Ce test parut ennuyeux, il rappelait les devoirs scolaires,
les exemples de grammaire, tandis que celui de l'association-couple semblait un petit jeu.

II. *La chasse aux mots :* la consigne était : « Ecrivez,
en 5 minutes, les mots qui vous viennent à l'esprit. » Le
test dura 2 ½ mois, afin d'espacer les séances et d'éviter
le retour des mêmes thèmes [1]. Quelques questions m'ont
été posées sur la nature grammaticale des mots à noter;
j'ai répondu que les mots de rapport : conjonctions,

---

[1] Dans quelques essais j'avais fixé le nombre de mots; les sujets d'idéation prompte étaient agacés d'attendre. En fixant plutôt le temps, il y a
plus de spontanéité.

pronoms, prépositions, n'étaient pas intéressants. La moisson fut abondante, en 15 exercices : 25,000 mots à classer selon la nature des idées chères à chaque individu. Ce test que Binet qualifia du nom pittoresque de « chasse aux mots » est emprunté de M. Flournoy qui fit une étude de l'action du milieu sur l'idéation [1].

§ II. Le *classement* peut se faire tout naturellement selon l'origine des idées, l'orientation de la pensée d'une part et, de l'autre, selon la nature grammaticale. Afin de serrer le plus possible la pensée du sujet, de connaître ses goûts, ses préoccupations, sa tournure d'esprit, ses idées favorites, l'analyse a été minutieuse, multipliant d'abord les rubriques pour les ramener finalement à celles-ci :

1. *Actualité.* L'ambiance scolaire — puisque notre laboratoire de psychologie reste la salle d'école — devait fournir beaucoup de mots et de phrases : objets présents, leçons du jour, personne du maître et des camarades, devoirs quotidiens, champ d'observation de la fenêtre, bruits de la rue, des corridors, etc. Ex. :

Babil, chant, patience, longueur, maître, malade, grave, pneumonie, embolie, congé. Fabrique Moser, horloge, heure, aiguilles. — Les arbres de la cour jaunissent déjà. Il fait si froid que les radiateurs du collège sont chauds au 23 septembre !

La vie générale fournit une quantité de thèmes : temps, potins de la ville, événements urbains, théâtre, concerts, cours de danse, élection d'un pasteur, ventes de charité, augmentation du prix du lait, deuils, recensement fédéral, convention du Gothard, crime du Col-France, incendie de la villa B, foires mensuelles, épidé-

---

[1] *Année psychologique.* Tome i, p. 181-190. (Nos résultats ressemblent aux siens.)

mies, forains, etc. Les faits divers des journaux tiennent encore de l'actualité : l'aviation et Chavez, la république du Portugal, la mort de Tolstoï, la peste, les grèves, les mauvaises récoltes, etc. Ouvriers, fabrique, Longines, grève, drapeau, lock-out, syndicats, patrons.... Un sous-marin français, le Pluviose, a fait naufrage au commencement de juin.

De même ce qui se rapporte à la personne elle-même du sujet, détails de toilette, état de santé, actes exécutés simultanément au test. Ex. :

Jouer, boutons, pressions. — Œil, malade, coulisse, grave. — J'ai très mal au cou aujourd'hui.

Tous ces emprunts à l'ambiance révèlent des esprits observateurs.

2. *Erudition*. Effet du milieu où nous travaillons ou idiosyncrasie d'intérêt — c'est le cas certainement d'un sujet observé à son domicile — les souvenirs de lectures privées ou collectives ont été très féconds. Ex. :

Solitaire, fiords, bateau, naviguer, mystère, énigme, mère, banni, rocher, légende, dot, gagner, navire, voile, capitaine, blond, mort, secret, confier.... [1]
Mon livre préféré est toujours Cyrano....

Les leçons d'histoire, de français, géographie, arithmétique, économie domestique, histoire naturelle ont fourni de longues tirades; on trouve aussi de vieux clichés à prétention scientifique. Ex. :

Réforme, religion, catholicisme, Calvin, Farel, Genève, Rome, Jérusalem, Zwingli, Zurich, hiatus, haut, voyelle, diphtongue, synérèse, diérèse, accent tonique, pénultième, scander. Ulysse a erré vingt ans avant de revoir sa patrie d'Ithaque, Pénélope sa femme et son fils Télé-

---

[1] *Le Solitaire du Rocher de la Vierge*, Mme E. FLYOARE CARLEN, trad. du suédois, ouvrage très goûté des adolescentes de IIme année. Berne 1876.

maque. Les toiles de fil sont plus solides que celles de coton. — Virgile vécut sous l'empereur Auguste.

Les maximes et proverbes sont encore une manière de citations. Ex. :

A brebis tondue... (8 fois) — Pierre qui roule... (15 fois). Tout aimer pour tout comprendre, tout comprendre pour tout pardonner. (Guyau).

3. *Sentiments*. Dans quelques phrases, certaines jeunes filles ont livré leur vie intérieure, leur affectivité, leurs souvenirs personnels d'ordre sentimental. Mais c'est surtout dans la chasse aux mots que les sentiments abondent, décrivant la vie intime de l'adolescente d'une façon bien imprévue pour moi. Voir chapitre VIII. Ex. :

Ce matin, j'ai appris quelque chose de nouveau à mon amie : mon premier secret ! Mort, parti, celui, rêver, bonheur, infini, malheur, chagrin, Allemagne, album, joli. Etre heureux, bosquets, ombreux, s'égarer, amoureux, coffret, souvenir, mariage, hymen, muguet, pensée, 5 heures, se réjouir, espérance, devise, espérer, amitié, amour, exquis.

4. *Généralités*. Des vérités évidentes sur la vie, les saisons, banalités qui ne peuvent rentrer dans les proverbes, séries incohérentes, vagues ou indéchiffrables, ne se rapportant à rien d'actuel, de scolaire, ni de personnel : synonymes, contrastes, assonances pures, nomenclatures d'animaux, plantes, astres, objets usuels, jouets, mets, etc., voilà ce que j'ai placé sous cette rubrique. Ex. :

Sentir, légume, poireau, chou, carotte, manger, bon, appétissant, fraises, framboises. Terre, ciel, bleu, gris, pluie, neige. — Père, mère, frère, sœur, grand'mère, famille. — Celui qui n'aime pas ses parents est un ingrat. — La rose est une belle couleur, etc., etc.

§ III. *Les résultats* des deux tests sont au tableau ci-dessous; rappelons que la chasse aux mots est postérieure de 3 mois aux phrases libres. Nous remarquons :

V. FORMES DE L'ÉVOCATION LIBRE.

	Phrases libres		Chasse aux mots	
	Ire année	IIme année	Ire année	IIme année
	%	%	%	%
1° **Actualité : type observateur**. .	57	68	38	25
a) Ambiance scolaire . . .	25	35	22	15
b) Vie générale.	17	30	12	7
c) Choses personnelles. . .	15	3	4	3
2° **Érudition : type érudit**.	13	14	9	24
a) Clichés scolaires.	9	9	6.1/2	15
b) Souvenirs de lecture . .	2	4	2 1/2	9
c) Maximes et proverbes .	1	1	0	0
3° **Affectivité : type émotionnel** .	2	4	25	32
a) Sentiments purs	1	2	18	27
b) Sentiments et projets. .	1	2	4	4
c) Projets avec fabulation	0	0	3	1
4° **Généralités : type énumérateur**	28	14	28	19

a) Dans les *phrases libres*, la IIme année prouve beaucoup plus d'observation, de sentiments et d'érudition ; la Ire donne surtout dans les généralités.

b) Dans la *chasse aux mots*, la IIme accuse plus d'érudition et de sentiments et moins d'observation que la Ire, qui est toute à l'actualité et aux généralités.

Plus précise que la Ire année, en septembre, la IIme accuse à la fin de décembre plus d'érudition et une tendance particulière à l'affectivité; la 1re passa du vague à l'observation, progressant ainsi vers la précision.

Nous saisissons là, en l'espace de 5 mois, une évolution évidente, établissant comme une gradation de valeur entre les diverses tournures d'esprit; l'intelligence de l'adolescente doit passer successivement par ces quatre étapes :

1. Généralités. 2. Observation. 3. Erudition. 4. Affectivité.

Dans deux de ses ouvrages [1], Binet ramène la question des aptitudes à deux formes particulières d'intelligence : 1° *L'intelligence sensorielle* qui use surtout d'images sensibles, d'expériences concrètes; 2° *l'intelligence des idées abstraites et générales* qui s'exprime par la forme verbale. C'est entre septembre (phrases libres) et décembre (chasse aux mots) que l'adolescente de IIme a passé du stade de l'observation à ceux d'érudition et d'affectivité; nous prenons ainsi, chez elle, sur le vif, le passage de l'intelligence sensorielle à la forme supérieure.

Le classement individuel présente quelque difficulté. Soit influence du moment — état de santé un peu moins bon, distraction, somnolence due à la digestion — ou fatigue d'une fin de trimestre, telle adolescente qu'intéresse habituellement la vie affective a donné dans l'érudition, l'observation, voire la généralité, 1 ou 2 fois sur 15. L'ensemble des résultats de chaque individu, comme l'a remarqué M. Flournoy, n'en est pas moins caractéristique de son idéation. Vu la concordance de mes résultats avec ceux de Binet, j'ai adopté sa terminologie et classé mes adolescentes en :

1° *Type énumérateur*, impersonnel s'il en fut, que ni l'école, ni l'actualité ne réussissent à fixer, qui semble ne porter aucun intérêt à sa propre individualité. Il énu-

---

[1] *L'Étude expérimentale de l'Intelligence* et les *Idées modernes sur les enfants.*

mère de longues tirades de mots sans caractère propre et des phrases de banalité évidente (généralités); ce type est plus répandu en Iʳᵉ qu'en IIᵐᵉ année; tous les énumérateurs sont parmi les derniers du classement par les associations.

2° *Type observateur*, qui révèle l'intelligence pratique, tournée vers la vie réelle, le présent, l'ambiance : les termes d'actualité décèlent des gens pratiques, telle Marguerite [1]; l'énumérateur reste dans le vague, l'observateur est *précis*.

3° *Type érudit*, qui marque une autre tendance que l'observateur; il révèle une intelligence réceptrice et une culture — de la mémoire plutôt que du jugement, il est vrai (voir chap. V) — c'est-à-dire un certain bagage scientifique et le goût du verbalisme, inconnu des jeunes filles encore à l'intelligence sensorielle.

4° *Type émotionnel* de Binet; c'est l'affectif qui se complaît dans ses rêves, ses souvenirs, l'analyse de ses sentiments, dit ses projets et donne dans l'imagination; (l'alliance est si intime parfois entre l'élément affectif et l'imaginatif, que le départ est presque impossible) : telle est l'Armande de Binet. Toutes les jeunes filles que la comparaison au barème de classe qualifie d'émotionnelles sont les avancées du chapitre premier.

Toutes les élèves ne présentent pas le même type mental dans les deux tests : un sujet énumérateur dans les phrases libres passe aisément, dans la chasse aux mots, à l'observation ou même à l'érudition; des observatrices sont devenues érudites, des érudites, émotionnelles : en espaçant ainsi les tests, de trimestre en trimestre, pour les mêmes sujets, on assisterait gra-

---

[1] *Étude expérimentale de l'intelligence.*

duellement à leur évolution intellectuelle. Les rangs particuliers d'évocation libre marquent la constance absolue chez 5 sujets, relative chez 20. La corrélation mathématique est nette :

Méthode Binet : 2,12 en Ire, 1,89 en IIme (corrélation entre 0 et 5).

Méthode Pearson : 0,5063. E P = 0,08755.

Ainsi l'évocation libre établit l'évolution intellectuelle de l'adolescente, qui, en un an, passe du vague au précis, de l'énumération à l'observation, puis va, l'année suivante, de l'observation extérieure à l'érudition et à l'analyse des sentiments; ces prétendues aptitudes individuelles se ramènent, en dernière analyse — tout comme la prédilection pour telles formes associatives — à des stades divers dans le développement de l'intelligence.

§ IV. *Classement complémentaire.* La chasse aux mots peut être étudiée encore à un point de vue intéressant : c'est celui du nombre de *thèmes* qu'évoque le sujet pendant les 5 minutes de l'épreuve ou la totalité des exercices de ce test. L'association des idées ne pouvait être exclue de l'évocation libre. M. Flournoy remarque « combien est complexe et délicate la trame des associations qui se trace continuellement en nous et combien il serait téméraire, à la simple inspection des mots écrits par une personne, d'inférer leur origine réelle ou même leur ordre de naissance dans l'esprit ». Nous ne songeons pas à « classer » ces associations; toutefois, en donnant 100 ou 50 mots en 5 minutes, le sujet devait être fatalement entraîné, selon le cours naturel de sa pensée, à fournir des *constellations d'associations* plus ou moins riches ou des groupes de mots *indépendants* les uns des autres, constituant comme autant de *thèmes* divers évoqués spontanément. Certains psychologues nient les thèmes indépendants, les images libres et les brusques changements émotionnels, prétendant que tout se rapporte à une association, expliquée ou non, tel Kiesow [1]. La trop grande diversité de ces thèmes, indiquera un esprit dispersé, diffus; tandis qu'un petit groupe d'inducteurs, avec d'abondants induits, prouve une intelligence mieux ordonnée, un individu discipliné, attentif — absence ou présence de *logique*, — la suite dans les idées étant une condition de succès; les étourdis ne peuvent se fixer.

Sur 100 mots, la Ire année compte 24 thèmes ou inducteurs et 76 induits d'associations.

Sur 100 mots la IIme année compte 21 thèmes ou inducteurs et 79 induits d'associations.

Les élèves qui manquent d'esprit de suite sont surtout des énumérateurs.

L'esprit le plus dispersé compte 72 % de thèmes et 28 % d'induits, tandis que le minimum de thèmes a été de 5 % (avec 95 % d'induits) on ne peut accuser ce sujet de pauvreté d'idéation, vu le total considérable de mots qu'il fournit.

Le *total* des mots énoncés par chaque individu constitue une indication quant à la *rapidité d'idéation* dans la chasse aux mots ou les associations en constellation. En évocation libre, la moyenne était pour 15 exercices :

En Ire année 551 mots, soit 36 mots en 5 minutes, par sujet.

En IIme année 740 mots, soit 50 mots en 5 minutes, par sujet.

Le sujet le plus habile de Ire année donne 56 mots par exercice, le plus lent 20.

—————

[1] Ce qu'on appelle les images libres. (Année psych. XII).

4 — Adolescente.

Le sujet le plus habile de IIme année donne 74 mots par exercice, le plus lent 38.

L'avantage du nombre est aux intelligents.

Si nous envisageons *l'influence de l'exercice* sur la chasse aux mots, en considérant les résultats épreuve après épreuve, nous constatons, dès la VIme expérience, une augmentation : *a*) du nombre des mots; *b*) de l'érudition; *c*) de l'affectivité, donc des formes élevées. Puis, la *fatigue* venant vicier les résultats aux XIIIme, XIV^{mo} et XVme épreuves, les formes inférieures, actualité et généralités, croissent de nouveau, tandis que le total des mots baisse et que l'on rencontre, chez certains sujets, des associations d'ordre inférieur (assoc. externes, allitérations, mots composés, antithèses); dans les associations en constellation, on rencontre aussi des séries d'associations toutes verbales ou des enchaînements dus à la fatigue. Ex. :

Remède, reléguer, relever, remariage, remarque, retenir, retentir, redire....

Chaire, cher, chère, chair; livre, lecture, lectrice.

Ennuyeux : ennuyant, ennuyer, ennui, querelleur, quereller, querelle, chicane, chicaner, bouder, bouderie, boudeur, espiègle, espièglerie.... etc.

Affection : oncle, tante, grand'mère, grand-père, infirme, estropié, petit, grand, santé, maladie, deuil, tristesse, gaîté, orphelin, famille, etc.

La chasse aux mots, mieux encore que les tests d'association, révèle les particularités du vocabulaire de l'adolescente, voir chap. III.

B. LES DESCRIPTIONS

L'évocation libre nous a orientés vers la tournure d'esprit de nos jeunes filles; l'idéation spontanée montre jusqu'à quel point les unes dépendent de l'ambiance de l'école, les autres révélant une vie intérieure intense. Pour plus de sûreté, j'ai repris avec mes sujets deux méthodes qui ont fait leur preuve chez de nombreux expérimentateurs : le test de description d'images et d'objets et celui des phrases à compléter qui mettent encore plus nettement en évidence l'évolution intellectuelle de l'adolescente.

Pour Binet, « énumérer, décrire, interpréter » sont les trois étapes de la pensée de l'enfant, qui passe « du vague au précis, du quelconque au spécial [1] ». Les résultats de ces nouveaux tests soulignent d'autres étapes chez l'adolescente, dont le *développement psychique passe de l'énumération à l'observation, ensuite de l'observation à l'érudition, puis à l'imagination et à l'affectivité.* Nous arrivons ainsi, par la comparaison de nos classes, à préciser ce que Binet n'a qu'indiqué dans son dernier ouvrage, à savoir que les prétendues aptitudes individuelles ne sont que des étapes de l'évolution normale qui doivent être franchies à un âge déterminé.

§ I. *Test de description d'images et d'objets.* Avec 40 sujets, il fallut opérer collectivement; les reproductions de tableaux étaient plus pratiques que les objets, souvent trop petits pour être vus de toute la classe. J'ai utilisé surtout des phototypies (12 × 16 cm.) des toiles du musée de Neuchâtel, les originaux étant connus de la plupart des élèves et des cartes postales représentant des tableaux célèbres du Luxembourg; j'ai préféré les sujets modernes et simples, plus aisés à comprendre. Chaque élève choisissait, parmi les images, celle qui l'intéressait pour l'exercice du jour; elles ont traité toutes

---

[1] *Idées modernes sur les enfants*, p. 121.

à peu près les mêmes sujets. Chacune m'a fourni une
vingtaine d'épreuves de longueur et d'intérêt variables,
bien que, pour l'ordre de la classe, j'aie dû limiter le
temps à 10 minutes par épreuve. Comme toujours, je ne
paraissais intéressée que par le vocabulaire; j'évitai
même le mot « description », à cause de la suggestion.
Ce n'est que peu à peu que chacun a dégagé sa manière
propre, sortant de la description servile ou scolaire, si
son tour d'esprit imaginatif ou affectif lui en fournissait les moyens. A cet âge, il ne faut pas réclamer beaucoup, surtout dans un temps si court : des images qui
provoquèrent des exclamations enthousiastes, avec des
expressions de réel plaisir, telles que la *Cantilène* d'Ed.
de Pury, *les Vieux convalescents* de Raffaeli n'ont produit
que quelques lignes, dont à peine un détail révélateur
de vie émotionnelle. Pourtant les jeunes filles ont goûté
ce test, me demandant des images à domicile, quand
elles avaient été empêchées de faire l'exercice.

§ II. Tout naturellement, un classement s'impose
entre les descriptions fidèles à l'image, celle des *textuels*
et les travaux qui s'écartent du thème, émanant de
commentateurs ou *brodeurs* qui vont à l'érudition, à la
fantaisie ou à l'émotivité. Cette première distinction
entre l'intelligence sensorielle et verbale ne suffit pas;
reprenons le classement de Binet :

1. *Type énumérateur* ou *descripteur*. Le sujet décrit
les objets placés sous ses yeux en tenant compte surtout des caractères les plus apparents, sans chercher à
saisir la signification. Quand il examine une photographie, il a sous les yeux deux choses à la fois : a) Un
ensemble d'objets, des personnages debout et assis, des
meubles, etc. b) Une scène particulière, c'est-à-dire une
situation, un événement. Le descripteur porte son

attention sur les objets, néglige le sujet, décrit l'image comme si c'était une nature morte, sèchement, sans raisonnement, ni conjectures, sans imagination, ni émotivité. Il « énumère » encore et se lasse très vite de ce test.

2. *Type observateur.* « Les élèves que nous rattachons au type observateur (terme que nous employons faute de mieux), dit Binet, fixent particulièrement leur attention sur le sujet de la scène et font une description en tableau vivant [1]. » On rencontre dans ces copies une tendance à conjecturer la scène, plus d'intelligence, d'intérêt que chez l'énumérateur : tous deux sont des *textuels*, tandis que chez les *commentateurs*, l'image devient en quelque sorte l'inducteur d'une série de choses apprises en classe, soit l'étincelle électrique déclanchant le courant imaginatif-émotif.

3. *Type érudit.* Binet estime que la leçon apprise « côtoie le lieu commun et le cliché »; il se montre très sévère pour ce genre « des plus impersonnels, convenant aux esprits lourds et paresseux ». Certes, de la personnalité, il n'y en a pas chez ces « bêtes à concours ». Cependant, les résultats que nous avons obtenus dans l'évocation libre place l'érudit à un stade plus élevé de l'évolution intellectuelle que l'énumérateur et l'observateur; les descriptions et les phrases à compléter confirment mon point de vue. L'érudit a mieux que de l'intelligence sensorielle : il a de la mémoire et une certaine capacité de jugement, d'où le rapprochement entre l'image et la leçon apprise, parfois du verbalisme. Cette façon de science chatouille agréablement l'amour-propre de jeunes filles « bonnes élèves » révélant leur savoir.

---

[1] *Etude expérimentale de l'intelligence*, p. 204.

Enfin, je m'appuie sur l'opinion de M. A. Leclère qui dans un test de description d'objet (une montre d'or) établit entre les copies la gradation suivante : énumération, observation, imagination, réflexion morale, érudition, émotion pure, émotion esthétique [1].

4. *Type émotionnel* ou *poétique*. Négligeant l'observation, le sujet introduit dans sa copie des souvenirs personnels ou vogue en pleine fantaisie, ajoutant au thème une interprétation avec ou sans note émotive. L'image inductrice n'est guère reconnaissable. C'est bien le même qui, en évocation, ramène à soi toute chose; l'imagination est plus favorisée par les descriptions que la chasse aux mots. Binet opposait ce type imaginatif à l'observateur :

« L'observateur est attentif aux moindres détails matériels d'un objet et les note avec le plus grand soin; dans sa forme achevée, l'observateur a une qualité — l'exactitude — et un défaut — le prosaïsme. L'imaginatif jette au contraire un regard distrait sur l'objet même; il ne demande à l'objet qu'une suggestion, puis il s'en détache et nous donne un développement littéraire ou général ou nuancé d'émotion. Ce type a aussi une qualité — l'originalité — et un défaut — l'inexactitude [2]. »

Puisque ces types ne sont que des phases de l'évolution, il sera aisé à l'éducateur de ramener l'imaginatif à l'exactitude et d'aider le prosaïque à se vivifier d'un peu d'originalité.

Même parmi nos exemples, nous avons des copies qui ne sont pas dépourvues *d'alliages :* une teinte d'érudition paraît parfois chez l'énumérateur, l'observateur et même chez le poétique émotif, surtout quand il s'élève

---

[1] *Année psychologique* IV, p. 379-389.
[2] *Année psychologique* VII.

aux idées générales. Nous classons d'après le ton domi-
nant du travail; dans une vingtaine d'exercices, chaque
sujet dégage peu à peu son tour d'esprit particulier; le
classement individuel, basé sur une seule épreuve, est
peut-être arbitraire. Ex. :

Voici la *Marseillaise* de Pils [1] :

1. *L'énumérateur.*

C'est dans l'ancien temps. Il y a un homme qui chante.
Il y a beaucoup de personnes, ce sont surtout des hommes; il y a aussi quelques femmes. Une joue du piano.
Ils sont assis dans des fauteuils. Leurs habits sont à la
vieille mode; ils ont mis des bas blancs, des perruques;
cette chambre est petite.

2. *L'observateur.*

Rouget de l'Isle chante la Marseillaise. Tous ceux qui
l'écoutent ont l'air très attentif. Une pianiste joue et,
en même temps, le regarde avec intérêt. Il semble, par
son chant, encourager ses amis; il lève une main et met
l'autre sur le cœur.

4. *L'érudit.*

Ce tableau de Pils représente Rouget de l'Isle, capitaine en garnison de Strasbourg en 1792, qui a composé
la Marseillaise. Debout, la main gauche appuyée sur
son cœur, la droite levée, entonnant avec enthousiasme:
« Aux armes, citoyens !... » Le maire Dietrich est assis
dans un fauteuil auprès de lui. Il tourne vers de l'Isle
une figure sévère et émotionnée. La fille de Dietrich
accompagne le jeune capitaine au clavecin; elle est

---

[1] Le style est conforme; j'ai complété la ponctuation, négligée en 1re;
il m'a paru inutile de relever les fautes d'orthographe, plus fréquentes que
dans les travaux scolaires.

émue et captivée. D'autres personnes écoutent avec enthousiasme cette scène émouvante qui rappelle la Révolution.

4. Le poète.

Ils sont à l'étranger, exilés pour longtemps sans doute, dans une salle basse, de peur d'être entendus : ils écoutent religieusement l'hymne de leur patrie. Leurs yeux se remplissent de larmes : ces gentilshommes et ces nobles dames ont le cœur qui tressaille, en répétant le refrain. Pourquoi faut-il se séparer de ce qu'on aime ? Pourquoi se séparer de cette belle France et ne pouvoir chanter ses louanges qu'en cachette ? C'est dans un élan de leur cœur meurtri, la voix pleine de sanglots, qu'ils chantent. lui surtout; la dame qui joue s'interrompt pour le regarder.

La Morte, par Aurèle Robert (Neuchâtel) :

1. L'énumérateur.

La scène se déroule dans une morgue. Une jeune fille est placée sur une civière. Elle est morte, car elle a une croix sur la poitrine. Sa sœur est auprès d'elle. On ne sait pas où c'est.

2. L'observateur.

Pauvre mère agenouillée, priant avec ferveur près de sa fille morte ! Partout des fleurs. La mère tient dans sa main un chapelet. La chambre est simple; aux murs sont suspendues des images de la Vierge et des saints.

4. Le poète.

Quel triste spectacle offre cette image ! Une mère pleurant auprès de sa fille morte. Elle tient un chapelet dans ses mains et prie pour cette âme d'enfant qui va entrer dans un monde nouveau. Pauvre mère ! Il ne lui restait peut-être que cette enfant au monde et voici qu'elle s'en va du même mal que les autres. — Quelques fleurs sont posées sur ce lit de morte. L'enfant a l'air de s'être endormie en paix, car ses traits ne sont pas contractés, comme chez quelqu'un qui a souffert.

Cette pauvre veuve qui a perdu tout ce qui lui restait : son fils bien-aimé, son soutien, son gagne-pain. La guerre le lui a ravi. Tout ce qu'elle avait de plus cher au monde, les barbares l'ont tué. Elle a travaillé, elle a peiné pour élever son enfant jusqu'à son premier gain et son sacrifice est payé par la mort de celui qu'elle adorait. Les larmes font du bien; mais il faut du temps pour effacer les souvenirs pénibles de la vie, surtout ces images de guerre civile.

L'Enfant perdu, par Melida (Musée du Luxembourg) :

1. *L'énumérateur.*

Cette petite fille s'essuie les yeux avec les mains ; elle pleure. Elle a mis un bonnet et un manteau. De nombreuses personnes sont autour d'elle et ont l'air de s'en occuper, surtout une vieille dame, avec un châle sur les épaules. Il y a aussi des hommes et un garçon pâtissier avec une corbeille sur la tête. Cela se passe au coin d'une rue. Il doit faire froid, car tout le monde est habillé chaudement.

2. *L'observateur.*

Plusieurs personnes se sont attroupées; le pâtissier, le portefaix, une vieille dame, de vieux messieurs, autour d'une petite fille de deux ou trois ans qui s'est perdue. Elle pleure à chaudes larmes, la pauvre enfant ! On lui parle, on la regarde avec pitié, cette pauvre gosse égarée dans les quartiers populeux de Paris. On interroge, on s'agite....

4. *Le poële.*

Pauvre petite, elle est perdue ! Sur la route où la pluie a marqué ses pas, une petite fille s'avance, tremblante, tout en pleurs. Un joli capot blanc recouvre une petite tête noire; quelques mèches de cheveux guignent çà et là pour voir le temps qu'il fait. Et le petit chérubin aperçoit sa mère qui vient le consoler. Un groupe de gens entourent déjà la petite et sa mère. Un pâtissier, habillé d'un grand tablier blanc, portant une corbeille sur la tête est au milieu des badauds. Un gâteau achèvera de sécher ses larmes !

« Mon Dieu ! Mon Dieu ! Madeleine, ma fille, mon cœur ! où es-tu ? Ces domestiques ! on ne peut s'y fier. Jean-Louis, courez chercher ma fillette. Oh ! pourvu qu'on ne la maltraite pas ! » — Leurs regards s'arrêtent sur une enfant en manteau de peluche qui dit : « Jeanne ! maman ! je suis perdue ! » Elle enfonce de petites mains dans son capuchon, pour sécher ses yeux remplis de larmes. Pourquoi a-t-elle quitté sa bonne, pendant qu'elle parlait ? « Maman le disait toujours; ah ! si elle venait ! »

Le *type érudit* ne paraît que quand il y a allusion possible aux leçons. Ex. :

Jeune Fille de Procida, Léopold Robert (Neuchâtel) : Ceci est la représentation d'une scène de la Bible. C'est une journée accablante; le soleil d'Orient darde ses rayons sur la plaine. La fille du maître de la maison a rencontré, en revenant du puits, un des nombreux bergers de son père. Elle lui offre de l'eau, assise sur une pierre, la tête légèrement inclinée de son côté; son visage respire la douceur et la bonté; ses habits sont riches. (Rebecca ou l'Arlésienne.)

Le Pont des soupirs à Venise.

Cette carte nous montre un canal de Venise; cette ville, construite sur d'innombrables lagunes, a pour rues des canaux où l'on circule en gondoles, charmantes embarcations qui nous transportent d'une île à l'autre. Au moyen âge, les habitants de la plaine du Pô ont trouvé ce refuge, en fuyant les bandes d'Attila, le fléau de Dieu. En été, il doit y avoir beaucoup de moustiques. Souvent un pont, construit avec art et curieusement sculpté relie entre eux deux bâtiments; on y voit l'influence de la Renaissance italienne.

§ III. Les *résultats*, après dépouillement de 800 copies, aboutissent aux constatations suivantes :

VI. BARÊME DES DESCRIPTIONS.

	1. Type énu- mérateur	2. Type observateur	3. Type érudit	4. Type poétique
Ire année . . .	29 %	46 %	3 %	22 %
	V	V	⋀	⋀
IIme année . . .	23 %	40 %	5 %	32 %

La Ire année est plus *textuelle*, des types *énumérateur* et *observateur*, comme en évocation. La IIme année est plus portée aux commentaires, à *l'interprétation*, avec de gros coefficients *d'érudition* et de *poésie* (imagination et émotivité). Le test des descriptions confirme en plein les précédents.

Le classement individuel groupe nos jeunes filles ainsi :

Ire année : 4 énumérateurs, 9 observateurs, 4 érudits, 3 poétiques.

IIme année : 3 énumérateurs, 7 observateurs, 4 érudits, 6 poétiques.

Ce ne sont pas des types absolus, mais des alliages, à titres divers, suivant le plus ou moins de métal fin — poésie — qu'ils renferment. Des *récits* de lectures, d'épisodes de la vie locale, dont beaucoup sous forme de compositions françaises, viennent corroborer ce classement. En résumé : l'énumérateur épelle, l'observateur lit, l'érudit commente, le poète brode, chante ou pleure, selon qu'il est imaginatif ou émotif.

TEST DES PHRASES A COMPLÉTER

§ IV. Malgré la banalité que le moule scolaire est censé leur infliger, nos jeunes filles ne manquent pas *d'imagination.* Comme le remarquait Binet, il faudrait pouvoir différencier, chez les poétiques, le *type imaginatif pur de l'émotif;* dans certaines des descriptions, c'eût été impossible. Pour séparer l'imagination créatrice de l'affectivité, j'ai utilisé les *phrases à compléter* de Binet[1], test très suggestif, qui a pleinement réussi; il excita, en IIme année, un grand enthousiasme, étant une manière de récompense après une très bonne leçon. En dictant un début de phrase — sorte de « dessin à l'emporte-pièce » — à la classe, collectivement, chaque individu avait le loisir de terminer à volonté dans le sens de sa tendance personnelle. Ces clichés de contes, de poèmes, de romans-feuilletons, mieux que les images, favorisent la note poétique d'imagination ou d'émotivité, selon la tournure fantaisiste ou affective du sujet. Les jeunes filles encore au stade de l'observation sont allées parfois à l'érudition, quand elles ne trouvaient pas dans l'ambiance ou l'actualité une réponse prête; celles-là se sont

---

[1] *Etude expérimentale de l'intelligence,* chap. x.

vite lassées d'un exercice si peu en harmonie avec leur tour d'esprit (élèves de Ire).

§ V. Nous maintenons le classement antérieur :

1. *Type énumérateur.* Ce terme n'est guère propre à désigner la platitude de phrases dépourvues de sens; maintenons-le pour des sujets qui enfilent des mots à la queue leu leu, sans se préoccuper du sens et du non-sens ainsi formé; ce sont les mêmes qui décrivaient en nature morte des scènes vivantes. Ex. :

O temps, suspends ton vol aux buissons d'aubépine. — *Mon aiguille* est en fer. — *Ne pourrons-nous jamais, sur l'océan des âges* voguer dans un grand bateau ? — *Le troubadour chantait* dans les rues pour recueillir des sous. — Trouba d'Ours chantait toujours.

2. *Type observateur.* Prouve une parfaite attention, mais pas d'envolée. Ex. :

Grand émoi dans Le Locle, parce que le lait augmente; les agriculteurs sont agités. — *On annonce dans* toute l'Europe une grande nouvelle : la révolution du Portugal, la république proclamée, le roi Manuel détrôné. — *Les vacances* commencent lundi. (Exact). — *Ce qu'on entend,* c'est le bruit de gros morceaux de glace qui tombent du toit du collège (Exact.)

3. *Type érudit.* Ex. : *Rêver seul,* au bord de l'eau, c'est poétique. La Fontaine, quand il composa la plupart de ses fables était à rêver au bord de l'eau.

La foule augmentait de plus en plus. On entendait des huées et des cris : « Vive la république ! » — « A bas le roi ». Louis XVI montait sur l'échafaud. Il voulait adresser un discours à la foule, mais la hache lui coupa la parole; sa belle tête roula jusqu'au bas des marches.

> *Ce n'est qu'une étoile qui file*
> Qui file, file et disparaît.
>
> BÉRANGER.

A la lueur de ton visaige
Tu gagnerois ta pauvre vie.
Après long travail et usaige,
Voici la mort qui te convie.

G. SAND.

4. *Type imaginatif pur*, révèle la facilité de fabulation sur toutes sortes de thèmes. Ex. :

La lune éclairait un sous-bois, où marchait en silence un homme en haillons; c'est un contrebandier. Il porte un sac sur le dos, une canne à la main. Son visage accuse l'inquiétude.

Ce qu'on entend là-bas, qu'est-ce ? Ce doit être dans le petit bois de chênes. Des pas s'éloignent, un chien jappe. Tout à coup un grand cri s'élève, un cri de femme : « Au secours ! » crie la malheureuse ! Une détonation retentit : c'est un crime.

On annonce l'heureux mariage du seigneur du château et de la petite fermière.

5. *Type imaginatif émotif*. C'est la IIme année surtout qui en fournit des exemples :

La barque voguait silencieusement, sur les flots déjà sombres; le soleil disparaissait à l'horizon; les oiseaux ne chantaient plus; les sapins étaient dans l'ombre. Les échos répercutaient les chants joyeux des pâtres. Sur ces eaux endormies voguaient deux personnes pensives et recueillies. Elles étaient venues là, auparavant, avec leur cher enfant, leur petite Jeanne : que c'était gai alors ! elle chantait, eux étaient joyeux. Maintenant, elle est morte, enterrée là-bas, dans le cimetière du village, ensevelie sous la verdure et les fleurs. Quels douloureux souvenirs !

Grand émoi dans la chaumière de la vieille Justine. On allume la cheminée, réveille la lampe et la table est bien servie. Quel festin ! Sa physionomie sérieuse, aujourd'hui sourit extraordinairement : son fils est de retour, son Henri est là, le ramoneur est retrouvé !

Une fleur séchée, une humble violette reposait entre les feuillets d'un Rappelle-toi. Une vieille femme, belle encore, de physionomie paisible, feuilletait rêveusement le livre. Elle songeait à sa jeunesse envolée, à celui qui lui donna cette fleur, mort pour elle et qu'elle avait méconnu. Maintenant, elle regrette et songe à ce grand amour dont il ne reste que le souvenir....

Mon aiguille est très vive, très alerte; elle parcourt de grands espaces, elle fronce, fait des boutonnières, raccommode des pantalons. C'est elle mon gagne-pain, car je suis une ouvrière habile; c'est elle qui gagne ma vie. Elle ne rouillera jamais et je continuerai de la pousser, au rythme de mes chansons !

§ VI. Ces *phrases à compléter,* un millier environ, sont du 3ᵐᵉ trimestre de l'année scolaire (15 octobre au 15 janvier), un peu postérieures à la chasse aux mots. Les sujets de Iʳᵉ peu portés à l'imagination, se contentaient d'achever une proposition simple (comme dans les exercices grammaticaux de textes lacunaires), sauf un ou deux plus prolixes; plusieurs énumérateurs ont même laissé la ligne en blanc; tandis qu'en IIᵐᵉ année, les jeunes filles ont maintes fois échangé leurs papiers pour lire les élucubrations des camarades; l'enthousiasme était tel, que j'ai reçu plus d'un papier déchiré dans l'agitation.

La Iʳᵉ *année* accuse toujours plus *d'énumération* et *d'observation* que la IIᵐᵉ, tout en s'écartant moins d'elle en érudition que dans les tests précédents; elle présente aussi plus d'imagination pure que d'émotivité.

La IIᵐᵉ *année* s'épanouit dans les formes élevées : *érudition, imagination pure, émotivité,* comme auparavant. Ce test fait mieux saillir le contraste de mes deux groupes d'adolescentes : la Ire année reste réaliste, tout occupée d'extrospection, tandis que la IIme, un peu plus érudite, révèle des aptitudes à l'imagination créatrice et à l'analyse des sentiments, aptitudes qu'elle n'avait pas au début de l'année.

VII. BARÊME DES PHRASES A COMPLÉTER.

	1. L'énumérateur	2. L'observateur	3 L'érudit	4. L'imaginatif	5. L'affectif
Ire année	15 %	60 %	6 %	13 %	6 %
	V	V	∧	∧	∧
IIme année	3 %	42 %	9 %	22 %	24 %

L'imagination paraît souvent chez des sujets restés à l'observation ou à l'érudition dans les tests antérieurs; telle jeune fille, observatrice en mai, érudite en décembre, est nettement imaginative à la fin de janvier.

Le classement individuel met en évidence ici les mêmes élèves que celui des autres tests. Entre les rangs particuliers des descriptions et des phrases à compléter, il y a constance absolue chez 4 sujets, relative chez 16. Mathématiquement, la corrélation est :

Méthode Binet : 2,— en Ire année, 2,52 en IIme.

Méthode Pearson : 0,6147 (E P = 0,07825), c'est-à-dire bien nette.

§ VII. Par les résultats des tests de ce chapitre (phrases libres, chasse aux mots, descriptions, phrases à compléter), nous obtenons un IIme rang global *d'intelligence* de nos sujets; les rangs particuliers ont une certaine constance entre eux et la méthode Binet marque

une corrélation évidente : 3,29 en Ire année et 3,24 en
IIme année.

Ces tests, qui laissent pleine indépendance aux sujets
sont d'excellents moyens d'investigation intellectuelle.

Le développement intellectuel de l'adolescente se fait
véritablement selon une *évolution ascendante* en 5 stades,
espacés en 2 ans environ.

1. *Enumération.* 2. *Observation.* 3. *Erudition.* 4. *Imagination.* 5. *Affectivité.*

Les deux premiers échelons sont franchis au cours de
la Ire année, quelques élèves accusant déjà une orientation nette vers les formes supérieures. L'adolescente
de Ire en est encore à *l'intelligence sensorielle* comme le
prouvent ses goûts, ses aspirations, ses lectures; la
majorité des élèves préfèrent les leçons pratiques (dessin, calligraphie, ouvrages du sexe, gymnastique, école
ménagère), les carrières pratiques (industrie, commerce,
spécialités du vêtement, soins aux malades), elles lisent
des livres de « petites filles ». La IIme année n'était guère
supérieure à ce stade-là au début de mes exercices ;
après les grandes vacances, elle s'est épanouie, franchissant nettement le seuil de *l'intelligence verbale* et
les autres échelons de l'évolution : érudition, imagination, affectivité. A la fin de l'année scolaire, la jeune fille
affirme sa prédilection pour les branches littéraires (histoire, géographie, littérature), les carrières libérales et
les lectures émotionnelles ou d'imagination. Son goût
de l'introspection et son aptitude à l'abstraction sont
typiques. L'observatrice de Ire année est sans doute
une imaginative, voire une affective à l'état larvaire;
laissons-lui le temps d'évoluer, essayons même de voir
au cours de l'année, par les « étalons » divers que constituent nos tests et les barêmes de classe, si l'évolution

se dessine; si après deux ans d'enseignement secondaire, elle demeure à l'érudition ou même à l'observation, nous la considérerons comme un sujet en retard, à diriger selon ses aptitudes d'intelligence sensorielle, vers la vie pratique.

Bien que nos tests n'aient pas absolument la même portée, l'évolution est telle qu'au même âge à peu près, la Ire année dans les phrases à compléter et la IIme dans les phrases libres présentent des moyennes analogues :

Ire année, 13 ans 10 ½ mois : 15 % énumération, 60 % observation, 6 % érudition, 6 % affectivité.

IIme année, 14 ans : 14 % énumération, 68 % observation, 14 % érudition, 4 % affectivité.

§ VIII. *Parallélisme des deux méthodes.* — La mesure de l'intelligence — qu'elle soit faite par le test des associations ou par ceux qui dégagent les aptitudes — met en évidence des sujets en avance et des sujets en retard, à côté d'un groupe d'élèves, plus ou moins conformes à la moyenne de classe par le développement psychique. Par les deux méthodes, ce sont les mêmes sujets qui sont avancés et les mêmes qui sont en retard : la comparaison des chiffres individuels, dans les 6 tests, fait constater une manière de parallélisme entre les types mentaux supérieurs, moyens ou inférieurs des deux chapitres, ainsi :

Méthode des associations.	Méthode de l'évocation, des descriptions, etc.
Intelligence { le *type synthétiste* du chap. Ier correspond au *type affectif* du chap. II	
verbale { le *type analyste* » »	à l'*imaginatif* ou à l'*érudit*
Intelligence { le *coordinateur* » »	à l'*observateur* du chap. II
sensorielle { l'*automate* » »	à l'*énumérateur* »

La meilleure preuve du parallélisme des deux méthodes est la corrélation mathématique existant entre le global des associations et celui du chap. II : Méthode

Pearson : 0,9363 (E P = 0,0147) c'est-à-dire une corrélation nette.

Ainsi, nous avons bien là deux méthodes de mensuration de l'intelligence, deux méthodes, en apparence
très différentes et dont les résultats concordent. Leur
application simultanée n'en fera que mieux le diagnostic
mental des sujets dont la psychologie cherche à faire
l'analyse.

———

CHAPITRE III

MESURE DE L'INTELLIGENCE PAR LE VOCABULAIRE

Lorsque nous émettons un jugement d'ensemble sur quelqu'un, ne considérons-nous pas autant son vocabulaire que sa physionomie, son attitude, son écriture ? Sans doute, le vocabulaire technique, scientifique, artistique révèle le spécialiste; mais le vocabulaire « non spécialisé » n'a-t-il pas aussi une valeur psychologique ? Sans parler des études pathologiques relatives au langage [1] rappelons que certains psychologues s'occupent non seulement de la langue des anormaux, mais aussi de celle de sujets d'évolution régulière [2].

L'étude du vocabulaire de l'adolescente, de moindre portée que ces travaux, n'en est pas moins révélatrice de son *développement psychique*, tant de l'idéation que de l'émotivité : la répartition des formes grammaticales, le coefficient des mots concrets et abstraits, le verbalisme constituent autant de normes de l'évolution mentale de l'adolescente. Etant donné le « milieu scolaire », je n'attendais pas des différences individuelles aussi caractéristiques. Somme toute, le subterfuge du début [3] a pris l'expérimentateur au piège.

§ I. *Répartition des formes grammaticales*, d'après les 4 tests que voici :

---

[1] La bibliographie des aphasies et des déments est volumineuse.
[2] Ouvrages de BINET, D' SIMON, CLARA et WILLIAM STERN.
Voir préface, page 7.

1. Les associations-couples 1910, mai-juillet. 2. Les associations en constellations, juin-juillet. 3. La chasse aux mots, octobre-décembre. 4. Les associations-couples 1911, mars-avril. Dans les associations par couples, la nature des inducteurs n'est évidemment pas sans influence sur la répartition grammaticale des induits; elle est minime, pour ne pas dire nulle, dans les associations en constellation; la liberté n'était absolue que dans la *chasse aux mots*, aussi soulignons- nous ces résultats comme les plus conformes à la *langue spontanée* de l'adolescente; ils diffèrent peu des autres tests. Dans les associations-couples 1910 et les associations en constellation, la Ire *année* excelle aux termes généraux, aux approximations vagues, usant moins du mot propre que de fragments de phrases : tel est le vocabulaire de la *fillette*, toute à *l'intelligence sensorielle. L'adolescente de IIme année*, par l'emploi du mot propre et une forte proportion de substantifs prouve qu'elle a atteint, par la précision et l'extension du champ de connaissances, un degré supérieur de développement mental; des exemples isolés ne le démontreraient pas aussi nettement que l'ensemble des tests. Le fait que la Ire *année*, dans la chasse aux mots et les associations 1911, reproduit sensiblement le stade de la IIme 1910 établit ainsi la « preuve » d'une évolution de l'adolescence. Enfin, avec la chasse aux mots et les associations 1911, la *jeune fille de IIme année a atteint l'intelligence verbale*, apte à l'abstraction, au jugement, aux nuances que marquent les *adjectifs*, les *verbes*, les *noms propres;* ces formes grammaticales qui « précisent les idées » sont en gradation ascendante avec le développement psychique, tandis que les *mots de rapport* et les *noms communs* caractérisent le langage des enfants.

VIII. RÉPARTITION DES FORMES DU VOCABULAIRE.

	Années	Noms communs	Noms propres	Adjectifs	Verbes	Autres mots
		°/₀	°/₀	°/₀	°/₀	°/₀
Fillette Associations-couples 1910	Ire	68	3	13	12	4
Associations en constell.	Ire	64	2	14	16	4
Adolescente Chasse aux mots	Ire	72	3	10	13	2
Associations-couples 1911	Ire	68	4	15	9	4
Associations-couples 1910	IIme	73	6	13	6	2
Associations en constell.	IIme	70	2	13	12	3
Jeune fille Chasse aux mots	IIme	63	6	14	14	3
Associations-couples 1911	IIme	68	5	16	8	3

Le dictionnaire ne dit rien de la fréquence des mots employés : ni Littré (qui relève 200,000 mots), ni Brunot, ni Darmestæter et Hatzfeld ne formulent de chiffres des proportions grammaticales; le dictionnaire de l'Académie française de 1876 compte 32,000 mots; de ce nombre, Ayer tire 4469 verbes, soit le 14 %. C'est le chiffre atteint par la jeune fille de IIme au stade d'intelligence verbale. Des enquêtes étrangères ont été faites sur le vocabulaire des enfants et des adultes; les proportions grammaticales ne sont pas homologues, on n'en peut tirer aucune conclusion, toutefois on y aperçoit l'influence de l'âge et du développement acquis [1].)

1	Substantifs	Verbes	Autres mots	
	°/₀	°/₀	°/₀	
Bébés, selon M. H. Herick	60	20	20	Children's Stories.
Enfants, selon J. Dewey	60	20	20	Psych. of Children's language.
Petit Stern (O. et W. Stern, loc. cit.)	65	16	19	Die Kindersprache.
Enfants 6 ¹/₂ ans. Tracy	27	18	53	
ENQUÊTE DE PARIS Garçons, cours élément., 7 ans	60	25	15	(Bulletin de la Sté
Garçons, cours moyen (prim.)	60	26	14	libre pʳ l'étude
Garçons, cours sup., adolesc.	54	24	22	de l'Enfant. —
D'après le dictionnaire	55	24	21	Paris 1910.)

La *suggestibilité due à la forme grammaticale de l'inducteur* dans les associations-couples fournit un test intéressant au chap. VI; en ce qui concerne les espèces de mots, il mérite un examen spécial : voici la comparaison globale des inducteurs et des induits, avec les écarts en plus et en moins :

IX. PROPORTIONS GRAMMATICALES DES ASSOCIATIONS-COUPLES.

	INDUCTEURS	INDUITS							
		Ire année 1910	Ecarts	IIme année 1910	Ecarts	Ire année 1911	Ecarts	IIme année 1911	Ecarts
	%	%	%	%	%	%	%	%	%
1. Noms communs..	68	68,6	+0,6	73	+5	68	—	67,84	—0,16
2. Noms propres .	3	2,9	—0,1	6	+3	3,83	+0,83	4,75	+1,75
3. Adjectifs.....	11	12,7	+1,7	13	+2	15,4	+4,4	16	+5
4. Verbes......	13	11,2	—1,8	5,9	—7	9,03	—3,97	8,34	—4,66
5. Adverbes	2,5	2,7	+0,2	1,3	+1,2	2,2	—0,3	1,86	—0,64
6. Nombres.....	1,5	0,9	—0,6	0,4	—1,1	0,89	—0,41	0,57	—0,93
7. Pronoms.....	0,5	0,15	—0,35	0,16	—0,34	0,34	—0,16	0,34	—0,16
8. Interjections ..	0,5	0,18	—0,32	0,13	—0,37	0,19	—0,31	0,13	—0,37
9. Conjonctions ..	—	—	—	0,05	+0,05	0,07	+0,07	0,03	+0,03
10. Prépositions ..	—	0,01	+0,01	0,01	+0,01	—	—	0,02	+0,02
11. Phrases fragm..	—	0,5	+0,5	0,14	+0,14	0,05	+0,05	0,12	+0,12
Totaux des écarts + et —			6,18		20,31		10,5		13,84

Considérons le *vocabulaire de la chasse aux mots* comme « spontané », « naturel », celui de Ire année étant la caractéristique de l'adolescente à l'intelligence sensorielle, celui de IIme année étant la caractéristique de la jeune fille à l'intelligence verbale.

Nous constatons alors une *hausse* des proportions grammaticales des induits quand le coefficient des inducteurs est inférieur au vocabulaire naturel et *invicem*, une baisse si les pour-cent d'inducteurs forcent ses aptitudes normales. Ainsi, il y a plus de noms communs induits (73 %) que d'inducteurs (68 %) chez l'adolescente, parce que dans le langage spontané de cet âge, il y en a 72 %; mais moins chez la jeune fille, car son vocabulaire naturel n'en compte que 63 %. Il serait aisé de continuer la comparaison pour les adjectifs, les noms propres, etc., parce que mes inducteurs d'associations-couples, choisis au hasard, ne sont pas conformes à la langue normale des sujets. Il serait intéressant de composer ces listes d'inducteurs, en tenant compte des prédilections grammaticales selon le développement des sujets, comme le fait Menzerath [1]. En somme plus l'adolescente est avancée au point de vue psychique et moins elle est asservie aux inducteurs : la somme des écarts (+ et —) est plus forte en IIme année qu'en Ire.

Les résultats globaux ne sont pas suffisamment précis. L'examen individuel des 15,600 associations-couples au point de vue de l'action suggestive de la forme grammaticale de l'inducteur prouve que la *suggestibilité* est beaucoup moindre en IIme qu'en Ire année, surtout chez les sujets qui ont atteint l'intelligence verbale. Nous résumons ici ces longs calculs.

X. ACTION SUGGESTIVE DES PRINCIPALES FORMES GRAMMATICALES.

	Fillette	Adolescente		Jeune fille
	Ire année 1910	Ire année 1911	IIme année 1910	IIme année 1911
	%	%	%	%
Noms communs . . .	74	72	68	65 ½
Noms propres	46	38	36	25
Adjectifs	48	44	34	19
Verbes	49	27	25	11
Nombres	50	39	25	10
Autres mots	66	56	42	23

---

[1] *Rôle de la facilitation de l'élocution et des connexions établies par le rapport des mots.* (Zeits. f. Psychol. XIV.)

Le tableau X montre comment baisse — inversement à l'accroissement du développement psychique — le coefficient de suggestibilité de chaque forme grammaticale. Si tous les inducteurs noms communs n'avaient amené que des induits noms communs, cela constituerait le 100 % de suggestibilité; quand le coefficient est de 65 %, c'est qu'il s'est trouvé 35 % d'autres formes. Ce sont les noms communs et les noms de nombre qui ont le plus forcé la suggestibilité; nos résultats concordent avec ceux des psychologues [1], cette suggestibilité grammaticale variant de 76 % à 57 ½ % selon Watt.

Nous saisissons ainsi sur le vif cette évolution du vocabulaire de l'adolescente, passant de *l'intelligence sensorielle*, très suggestible, essentiellement réceptrice et toute aux noms communs, à *l'intelligence verbale*, plus indépendante, plus spontanée, apte au jugement, s'affirmant par l'augmentation des adjectifs, verbes, noms propres.

L'évolution du vocabulaire va sans doute de pair avec une *extension numérique des mots usuels*. Bien que je n'aie pas fait le dictionnaire de chacune des étapes, j'en vois une preuve dans l'extraordinaire expansion de l'originalité de la IIme année; les réactions uniques ont passé de 40 % en 1910 à 65 % en 1911 ce qui prouve évidemment un vocabulaire plus riche. Le goût du verbalisme en est une autre preuve.

§ II. *Mots concrets et abstraits*. — Quoique la distinction soit parfois fort difficile à établir, la présence ou l'absence des termes abstraits n'en est pas moins révélatrice de l'idéation pour Meumann, Binet, etc. En essayant de faire ce départ entre les êtres vivants et

---

[1] WATT, BOURDON, MENZERATH, MARBE, etc.

les objets matériels d'un côté, et de l'autre tous les substantifs désignant des idées ou des sentiments, j'ai obtenu
les moyennes du tableau XI.

La *fillette* de Iʳᵉ année 1910, au sortir de l'école primaire, semble fermée à la notion d'abstrait. C'est un
gros travail pour elle que l'initiation aux choses du
domaine immatériel en composition française, en rhétorique, par exemple; même la simple nuance entre le
sens propre et le sens figuré paraît être longtemps un
pont aux ânes que les retardées ne peuvent franchir.

XI. MOTS CONCRETS ET ABSTRAITS.

		Concrets %	Abstraits %
Fillette Associations-couples 1910 . .	Iʳᵉ année	84	16
Associations-constellatoires .	»	81	19
Adolescente Chasse aux mots	»	83	17
Associations-couples 1911 . .	»	78	22
Associations-couples 1910 . .	IIᵐᵉ année	78	22
Associations constellatoires .	»	74	26
Jeune fille Chasse aux mots.	»	76	24
Associations-couples 1911 . .	»	70	30

L'adolescente de Iʳᵉ année ou de IIᵐᵉ présente les mêmes
coefficients, au même âge; cette concordance est une
preuve nouvelle de l'évolution normale, puisque deux
groupes de sujets différents, au même stade, réalisent le
même pour-cent. La *jeune fille* de IIᵐᵉ année, dès qu'elle
atteint *l'intelligence verbale* accuse une plus forte proportion d'abstraits, si bien qu'en deux ans d'enseignement ce coefficient a doublé à peu près (16 % - 30 %).

Le *vocabulaire naturel* (chasse aux mots) présente

moins d'abstraits que les autres tests; cela tient aux inducteurs des associations-couples qui renferment 38 % d'abstraits et aux thèmes des associations en constellation : affection, ennui, charité, etc.

Cette évolution du vocabulaire est parallèle au développement intellectuel. Un fort coefficient individuel d'abstraits coïncide avec les formes élevées des chap. I et II.

Un autre calcul intéressant distingue, dans le vocabulaire spontané, les *noms abstraits d'idées* et ceux de *sentiments :*

Pour 100 abstraits, l'adolescente de Ire année présente 88 idées et 12 sentiments.

Pour 100 abstraits, la jeune fille de IIme année présente 83 ½ idées et 16 ½ sentiments.

La IIme année a donné libre cours à ses préoccupations affectives, accusant une telle intensité de vie intérieure que le dépouillement des fiches évoque tout naturellement le proverbe : « De l'abondance du cœur, la bouche parle ». Ceci fait l'objet du chapitre VIII. La Ire année est bien loin de cette expansion toute à l'ambiance, aux termes concrets; j'ai essayé même de suggérer à ce groupe de fillettes de citer leurs goûts, leur vie propre, quelque chose d'elles-mêmes, sans obtenir rien de plus que quelques détails relatifs à leur physique. Les sujets de IIme les plus aptes à la notation de mots abstraits d'ordre affectif sont aussi les avancés des classements d'intelligence.

§ III. Chez le petit enfant, les pédologistes ont souligné quelques phases de réelle griserie verbale : il répète, avec volupté, soit des mots de son invention, soit des vocables du langage des adultes, simple écholalie de perroquet qu'un à propos de hasard fait passer parfois pour de la précocité intellectuelle : c'est là du *verbalisme*. L'adolescente en présente deux phases : 1º L'une, qui correspond à l'éveil de *l'érudition :* c'est l'étalage des termes scientifiques ou des mots étrangers nouvellement acquis. Ex. :

Iʳᵉ année : bûcheron—cunéiforme, jambe—tibia, poli —polythéisme, Sparte—militarisme, la plupart—most, pourquoi—warum, montre—watch, comète—Halley— planète, archaïque, néo-latin, grec, sanscrit, bouddhisme.

IIᵐᵉ année : caricature—puérilité, immortalité—scientisme, puce—Hussites, racines—rhizôme, altruisme, quiétisme, arminianisme, arianisme, spiritisme, occultisme.

2º L'autre correspond à *l'épanouissement affectif :* c'est une griserie de termes abstraits, d'épithètes, de métaphores et de symboles aboutissant à la phraséologie dans les compositions, dans les lettres surtout; la correspondance verbeuse de IIᵐᵉ année en constitue la preuve la plus tangible. Ex. :

Iʳᵉ année : égoïsme—altruisme, « avarisme »; affection, bonté, tendresse, douceur, gentillesse.

IIᵐᵉ année : jeune-fille—frivolité, jeu—marivaudage, émotion—émotivité, sentimentalité, ennui, spleen, nostalgie, mélancolie, neurasthénie, hypocondrie, etc.

Compositions : « Voici l'hiver qui veloute nos prés, diamante nos sapins, argente nos villages ! Les sapins étincellent de givre, la neige a paré le moindre rameau d'un collier de perles blanches et les hêtres, nus et tremblants, tendent vers le ciel leurs rameaux éplorés. » « L'amour est le soleil du cœur, qui fait fondre les glaces du moi. L'amour est suivi du dévouement; plus on aime un misérable, plus on fait d'efforts pour le ramener au bien. La pitié est un sentiment qui relève le genre humain : c'est une bonne graine se heurtant à un cœur sec, grâce à l'égoïsme ; c'est aussi l'étoile qui éclaire la terre plongée dans la nuit des vices où nous sommes captifs. » — « Voyageur qui t'es extasié devant les fines dentelures des cathédrales milanaises, tu n'as sans doute pas aperçu notre sombre clocher ; notre phare a survécu trois siècles ! La nuit, dans le scintillement des étoiles, tu peux apercevoir une masse sombre, élancée, qui paraît sous la lune comme un i sous un point. Le clocher fidèle n'est pas séduit par les sourires moqueurs de l'astre. »

Lettre : « Mon ange blond chéri. Hier soir, dans mon lit, j'ai bien réfléchi à ma conduite envers toi, ma chérie. J'ai été insupportable et suis confuse. Je t'ai gâté toute une partie de ta journée, je t'ai fait pleurer d'abondantes larmes (dis, ma toute chérie, me pardonnes-tu ?). Je t'en conjure, je t'en supplie, au nom de ton amour, pardonne au repentir de mon mea-culpâ. J'ai si peur, car mon cœur souffre à la moindre alerte (je suis jalouse de tout et de tous). Mon Dieu ! que tu dois me maudire d'avoir été si mauvaise, d'avoir été un renégat de l'amitié ! Je t'aime, non pas, je t'idolâtre ! Je te donnerai ce petit ruban : 1º en signe de ma grande affection, incommensurable, infinie (j'ai bien réfléchi avant de faire ce serment en toute solennité); 2º parce que jamais plus — quand même une chose extraordinaire me ferait centenaire — jamais je ne serai si dure envers toi. Le ruban blanc aura toujours sa valeur. Je vais m'endormir, en pensant à toi, embrassant mon oreiller bien fort, en m'illusionnant que c'est toi. Ton amie qui t'adore, humiliée et repentante. »

Le *goût des majuscules* paraît tenir du verbalisme. Dans les lettres, les compositions, les mots « hasard, chance, bonheur, amitié » etc., ont une majuscule, enjolivée parfois. Deux sujets de IIme, en plein verbalisme d'érudition, ont mis des majuscules à tous les tests d'association et d'évocation.

La *manie de souligner* est caractéristique du verbalisme émotif; certains mots des billets sont soulignés 2, 3, 4, jusqu'à 10 fois, ce qui donne à la lettre un aspect étrange, certains termes ayant ainsi une valeur de gradation.

On peut mettre en parallèle avec le verbalisme de l'adolescente, *la dialectique* de l'adolescent; outre l'influence omnipotente qu'il attribue au *mot*, le jeune homme devient *raisonneur*, aimant les longues dissertations sur les mots concepts et les grands problèmes de la morale et de la métaphysique [1].

Le verbalisme a valu à quelques sujets un rang trop avancé en originalité, chap. VII; de même, l'abondance des termes locaux ou d'argot d'atelier a classé originale une élève dont la langue marque, au contraire, un manque absolu de développement; c'est prouver son infériorité que de ne pas savoir distinguer entre le langage familier et la langue française, exigée à l'école.

La construction des phrases, surtout dans le langage parlé (que je n'ai pas sténographié) serait encore un test de différenciation des individus; mais on jugerait plutôt le milieu familial que la manière propre du sujet.

Les 4 tests du vocabulaire présentent une corrélation de 3,04 en Ire et 3,49 en IIme (soit entre 0 et 5) d'après la méthode Binet. Les coefficients sont tels qu'au lieu de calculer, par la méthode Pearson, la corrélation sur les rangs, il m'a paru intéressant de la calculer sur les pour-cent d'abstraits eux-mêmes (ce qui est

---

[1] MENDOUSSE, chap. III.

impossible avec des tests dont les résultats sont hétérogènes); cette méthode-ci est plus exacte :

Associations-couples 1910 et assoc. en constellation   0,7557 EP = 0,0539
Associations en constellation et chasse aux mots . .   0,6009 EP = 0,0753
Associations-couples 1911 et chasse aux mots . . . .   0,4369 EP = 0,0953
Associations-couples 1910 et associat.-couples 1911 . 0,3438 EP = 0,1038

Il y a donc corrélation entre nos divers tests.

§ IV. *Rang intellectuel*. — La détermination de l'intelligence chez l'adolescente nécessitait une étude minutieuse, d'où nos trois chapitres. Synthétisons nos résultats, en tirant des trois globaux un nouveau classement : en faisant le total, pour chaque individu, des trois rangs globaux, nous obtenons une série de nombres que nous classons en gradation ascendante : le plus petit équivaut au Ier rang, le nombre le plus fort au rang 20, etc. C'est ainsi que nous déterminons *le rang intellectuel* de nos sujets. En le comparant au rang scolaire, aux globaux des autres facultés, il nous fournira quelques considérations intéressantes au chapitre IX. Ce sont ainsi les mêmes sujets qui occupent les premiers rangs en association, évocation libre, vocabulaire et au rang intellectuel, aussi toujours les mêmes individus qui sont à la fin des classements. La corrélation mathématique est très nette, d'après la formule Pearson, entre les divers processus intellectuels :

1. Global d'assoc. et global d'évocation libre   0,9353   EP = 0,01476
2.   »   global de vocabulaire . .   0,5374   0,08373
3. Global d'évoc. libre et   »   . .   0,7352   0,06364

CHAPITRE IV

MESURE DE L'ATTENTION

L'étude de l'idéation ne comporte pas seulement l'examen de l'intelligence, mais aussi celui des autres facultés de la psychologie dogmatique : attention, mémoire, volonté, etc. Toutefois, n'accordons pas à ces mots d'autre sens que celui de termes génériques, pratiques, pour grouper des observations de détail.

L'attention est un processus important en psychologie individuelle et un facteur indispensable dans l'enseignement. « Nous la considérons, non comme un état *sui generis,* telle la mémoire ou la perception, mais plutôt comme une qualité, une manière d'être des processus [1]. » Nous visons non l'attention spontanée, mais la forme complexe et réfléchie de l'attention volontaire qui exprime la maîtrise de soi, la coordination de tout l'être et qui est juste à l'opposé, dans le domaine intellectuel de l'éparpillement, des caprices, de l'aboulie. Jusqu'ici les expériences ont été imprécises, grâce à la confusion de l'attention et de la mémoire; nous ne pouvions faire mieux que de suivre Binet qui les a distinguées, affirmant que « toute expérience d'attention manquera son but si elle n'est pas fatigante ou du moins fastidieuse [2]. » Nous avons mesuré la *durée de l'attention* chez l'adolescente avec 4 tests et nous aboutissons à

---

[1] BINET et SIMON, *Psychologie individuelle* (Année psych. II, p. 408-465.)
[2] *Étude expérimentale de l'intelligence,* p. 201.

cette conclusion : *l'attention croît avec le développement intellectuel.*

§ I. *La copie d'un texte.* — Il est d'usage de mesurer l'attention des petits écoliers en les faisant copier un morceau de prose et en prolongeant l'expérience assez pour remarquer des signes d'ennui, d'agacement. L'adolescente serait trop humiliée, s'il s'agissait d'un texte français. Profitant d'une période où les leçons d'histoire des deux classes visaient le moyen âge, j'ai raconté aux jeunes filles l'idylle d'Aucassin et de Nicolette et leur en ai fait transcrire 5 laisses [1] — au total une centaine de vers — qui étaient écrites au tableau noir, préalablement lues et expliquées. L'exercice était si peu attrayant qu'il fallut le légitimer : on copie pour aider la mémorisation d'un texte en langue étrangère, et de fait, après les 20 minutes consacrées à la transcription d'une laisse, 10 minutes étaient utilisées à mémoriser le plus de vers possible. Il fallait donner du temps, en dehors de la classe, pour ce test ; quelques sujets s'y sont soustraits, soulignant bien ainsi leur difficulté d'adaptation à une besogne désagréable, non obligatoire. Un classement facile à opérer consiste à chiffrer les erreurs par lettres : *a)* les lettres omises ; *b)* les lettres mises pour d'autres, parmi lesquelles nous groupons à part les retours aux formes modernes de la langue qui sont un effet de suggestibilité. La somme des erreurs est moindre en IIme année qu'en Ire. En moyenne :

L'adolescente de Ire année, 13 ans 9 ½ mois, fait 30 erreurs par élève.

La jeune fille de IIme année, 14 ans 4 mois, fait 22 erreurs par élève.

---

[1] Edition Hermann SUCHIER, Paderborn 1899, laisses 1, 5, 13, 19, 27.

6 — Adolescente.

L'attention est plus forte dans la classe supérieure. La méthode du rang met en évidence les élèves avancées des premiers chapitres.

§ II. *Biffage de lettres.* C'est un test bien connu, inventé par Bourdon et utilisé par Binet. A cet effet, j'ai employé un texte du journal local, d'une impression familière aux 40 sujets, présentant l'avantage de fournir des articles français à la portée des jeunes filles, en nombre suffisant et vite distribués, l'expérience étant collective. La consigne était de biffer en 5 minutes d'abord tous les *r* puis les *e*, puis *s* et *v*, *a* et *m*, enfin *i*, *g*. *l* à la 5me épreuve. De l'avis général, c'est là le test le plus fastidieux de tous ceux qui s'espacèrent, trois ou quatre fois à la semaine, au cours de l'année scolaire 1910-11, dans les deux classes. La somme des erreurs — lettres omises et lettres biffées à tort — calculée proportionnellement au total des lettres barrées, nous donnera la norme de la classe ou de chaque individu, l'exercice n'ayant pas d'autre but que de calculer le degré d'attention par l'exactitude du travail accompli. L'attention est meilleure en IIme année qu'en Ire; voici les moyennes :

	Total des lettres biffées	Erreurs		Coefficient d'erreur
		Lettres omises	Lettres voisines	
L'adolescente de Ire année, 14 ans ¹/₂ mois	710	133	6	20 %
La jeune fille de IIme année, 14 ans 5 mois	718	121	3	17 %

Ce test a l'avantage encore de faire saillir les *types sensoriels* des individus.

§ III. *Répétition immédiate de chiffres ou de syllabes.* J'ai appliqué à mes élèves ce test d'Œhn que Binet considère essentiellement comme un test d'attention volontaire. Il s'agit d'écouter l'énoncé à voix haute de *nombres* ou de *syllabes* sans intonation, ni chant, ni rythme, « recto tono », les sujets ayant les mains au dos, puis de les transcrire au commandement dans l'ordre donné. Les nombres ont été choisis sans lien avec les séries numériques usuelles ou les dates d'histoire, sans progression, de 1, 2 ou 3 chiffres de pure valeur abstraite. Nous avons essayé 20 séries de 6 nombres et 20 séries de 7 nombres [1]. Les syllabes dépourvues de sens, construites selon la méthode allemande d'une voyelle (ou diphtongue), encadrée de consonnes (ou suivie d'une ou deux), ont été présentées de même en 20 séries de 6 et 20 séries de 7.

Ex. : go, leu, flan, siu, vé, dia, it, oum, bus, rig, paf, vel; toip, dal, ur, touz, etc. Le classement est le même pour le test des nombres et celui des voyelles; il y a :

a) Des nombres et des syllabes phonétiquement exacts.
b) Des éléments à demi justes (1 ou 2 chiffres exacts, la voyelle ou la consonne). *c*) Des nombres ou des syllabes totalement inventés, de pure fabulation.

En tenant compte de tous les éléments, on peut établir le coefficient d'erreur selon la formule :

$$CE = \frac{\left(\text{inventées} + \dfrac{\text{demi-fausses}}{2}\right) 100}{\text{exactes} + \dfrac{\text{demi-justes}}{2}}$$

d'où les moyennes : l'adolescente de Ire année fait 42 % d'erreurs sur les syllabes et 22 % sur les nombres.

La jeune fille de IIme année fait 40 % d'erreurs sur les syllabes et 16 % sur les nombres.

Les sujets qui ont fait preuve d'attention forte don-

---

[1] Ces séries étaient trop fortes et trop difficiles.

nent toujours les premiers nombres ou syllabes; ceux qui, comme les déficients, ne donnent que « l'écho » des derniers éléments, parce qu'ils ne peuvent faire « effort » d'attention, sortent dans les derniers rangs; Binet et Henri l'ont remarqué déjà [1]. Ici aussi l'attention est plus forte en IIme année qu'en Ire.

§ IV. Les *résultats* des 4 tests prouvent que l'attention volontaire est plus forte chez la jeune fille que chez l'adolescente, comme s'il y avait parallélisme entre le développement de l'intelligence et celui de l'attention; aux premiers rangs du global d'attention, dans les deux classes, sont des avancées des premiers chapitres. Etablissons le barême en tenant compte, non plus des erreurs, mais du coefficient d'attention, d'après les éléments retenus exactement :

XII. BARÊME DE L'ATTENTION.

	Copie de texte	Biffage de lettres	Chiffres	Syllabes
Adolescente de Ire année	70 %	80 %	78 %	58 %
Jeune fille de IIme année	78 %	83 %	84 %	60 %

Nos résultats confirment ceux de Binet, pour qui le test d'attention établit une différenciation des *aptitudes intelligentes*. Longtemps, j'ai cru que l'attention volontaire — c'est-à-dire l'énergie des sujets en face d'une tâche désagréable — donnait une norme de la volonté et je voyais, dans l'inhibition à la suggestibilité, une autre manière d'affirmer la force de volonté. La corrélation mathématique négative est là pour souligner mon erreur d'interprétation. D'après la formule Pearson, la

---

[1] *L'intelligence des imbéciles.* (Année psych. xv, p. 32-33.)

corrélation entre l'attention et la résistance à la suggestibilité est de — 0,00199, E P = 0, 28839; tandis qu'il
existe au contraire une certaine corrélation de l'attention avec le rang intellectuel, le rang scolaire et la mémoire, voir chap. IX.

« On peut raisonner, percevoir, comparer, se souvenir
avec ou sans attention; l'attention consiste dans la
manière dont une fonction s'exerce et, suivant qu'on
est plus ou moins attentif, le fonctionnement peut devenir plus ou moins bon. » (Binet et Simon.)

La corrélation des 4 tests entre eux, selon la méthode
Binet, est de 2,27 en Ire et 2,61 en IIme année.

CHAPITRE V

MESURE DE LA MÉMOIRE

§ I. Les acquisitions intellectuelles ne se font pas seulement, selon l'aptitude du moment, par l'association des idées et l'influence de l'attention; certaines notions ne s'acquièrent que par la répétition et s'impriment plus ou moins fortement, suivant la qualité de la mémoire de chacun. On discute sans fin sur la nécessité ou l'inconséquence de cultiver la mémoire; on médit des choses apprises par cœur et on blâme l'élève qui oublie.

Dans les expériences de mémoire, il s'agit de doser l'intérêt, d'après les remarques de Binet :

« Voulait-on mesurer l'attention, il fallait que les éléments à retenir fussent dénués d'intérêt, puisque l'attention suppose un effort dans le sens de la plus grande résistance. S'agissait-il au contraire de mesurer la mémoire, il fallait rendre l'expérience intéressante, pour réduire au minimum l'effort d'attention [1]. »

Quelles sont les aptitudes mnésiques de l'adolescente ? Nous avons visé par les tests : 1º La *mémoire immédiate* de répétition (mémoire verbale, mémoire numérique, mémoire des idées) et 2º la *mémoire de conservation*, pour établir l'étendue de la mémoire aux diverses étapes de l'adolescence, plutôt que telle mémoire spéciale. Nous avons utilisé des tests collectifs, lus à haute voix par

[1] *Étude expérimentale de l'intelligence*, p. 261.

l'expérimentateur ou écrits préalablement au tableau, laissant le sujet libre de lire des yeux, d'articuler des lèvres à mi-voix, d'user de la méthode globale ou de la méthode fragmentaire, bref mémorisant à sa guise de façon à donner le mieux possible toute sa mesure : la jeune fille de IIme année (14 ans ½ à 15 ans) est supérieure à l'adolescente de Ire ou de IIme (13 ½ à 14 ½ ans) et celle-ci fournit de meilleurs résultats que la fillette de Ire année (13 ans à 13 ½ ans), au sortir de l'école primaire.

§ II. MÉMOIRE IMMÉDIATE DE RÉPÉTITION. Il s'agit d'écouter ou de lire des séries faciles et de reproduire tôt après ce qui a été retenu. Nous avons utilisé 4 tests connus :

1. *Des vers appris par cœur*, en classe, dans un temps donné, puis — les livres étant enlevés, — transcrits immédiatement après, en laissant aux élèves le choix de la méthode fragmentaire, plus attachée à la mémoire sensorielle ou du mode global qui fait intervenir surtout la mémoire des idées.

Pour les *vers français*, mémorisés en 10 minutes, la moyenne de 10 exercices est de : 13 vers en Ire année (13 ans 10 mois) et 23 en IIme année (14 ans 4 mois). Pour le vieux *français*, les 5 laisses d'Aucassin et Nicolette des tests d'attention et de suggestibilité — un peu plus difficile par sa tournure étrangère, d'où effort plus grand de mémorisation :

15 vers en Ire année (13 ans 11 mois) et 20 vers en IIme année (14 ans 5 mois). La meilleure mémoire est celle de la classe supérieure, quelques élèves retenant jusqu'à 50 vers en 10 minutes, tandis qu'aucune de Ire n'atteignit 40, même dans la langue moderne. Les chiffres sont plus éloquents, si, au lieu de compter par vers

nous comptons par « groupes de mots », selon le mode
de classement Binet [1]. Car ce sont bien des phrases liées
que les élèves ont à mémoriser — mémoire reconnue
environ 20 fois supérieure à la mémoire des mots isolés
— et qui constituent bien un test de *mémoire des idées*.
La moyenne est de :

35 groupes de mots en Ire année et 40 en IIme, au test
de vieux français.

50 groupes de mots en Ire année et 65 en IIme, au
test de français moderne.

2. *Des monosyllabes français*, lus en séries, ont été retenus avec plus d'intérêt que les syllabes artificielles et
baroques du chap. IV. Ces mots sont du vocabulaire
usuel de nos sujets (listes de chasse aux mots). Ex. :

Rien, pie, bœuf, char, Louise, eau, soie, loin, roi, crac,
bleu, fil, cher, etc.

La comparaison des deux tests a amené quelques
remarques intéressantes :

Ire année : « En entendant les noms, je pense aux
objets, c'est plus facile que les syllabes. »
IIme année : « Je préfère les monosyllabes qui ont un
sens; je forme en imagination un tableau qui me reste.
Quand vous dites « soie », je vois une belle robe de soie
bleue de ma poupée, « bœuf » une scène de labour sur
les Monts, ce qui m'aide à m'en souvenir.

Voici les moyennes de mots exactement retenus de
20 séries de 6 et de 20 de 7 monosyllabes :

L'adolescente de Ire (13 ans 10 mois) retient 81 mots
sur 120, 81 sur 140, soit le 62 %.

La jeune fille de IIme (14 ans 4 mois) retient 94 mots sur
120, 92 sur 140, soit le 71 %.

---

[1] BINET et HENRI : *La mémoire des phrases.* (Année psych. I, p. 24-59.)

Ici encore la IIme est supérieure.

3. *Des mots concrets et des mots abstraits* de plusieurs syllabes (d'après les listes de chasse aux mots) m'ont paru indispensables pour compléter l'expérience sur la *mémoire verbale*. Ex. :

Course, luge, patin, ski, sport, saut; feu, lumière, couche, vase, plume, verre; intelligence, argument, hésitation, courage, éloquence, statistique; appréhension, frivolité, secte, paresse, quiétude, sophisme, évolution; douceur, divinité, rigorisme, candeur, philosophie, absolutisme.

Les élèves ont mémorisé 20 séries de 6 et 20 séries de 7 mots concrets et autant d'abstraits :

L'adolescente de Ire retient :
     87 mots concrets sur 120 et 102 sur 140, soit le 73 % ⎱ 65 %
     70   »   abstraits »   120 et   81 » 140,   »   58 % ⎰

La jeune fille de IIme retient :
     88 mots concrets sur 120 et 102 sur 140, soit le 73 % ⎱ 67 %
     72   »   abstraits »   120 et   84 sur 140,   »   60 % ⎰

S'il y a identité dans les deux classes, en ce qui concerne les mots concrets, relevant plutôt de l'intelligence sensorielle, la mémoire verbale des mots abstraits est légèrement supérieure en IIme année. Si nous réunissons les mots concrets et abstraits, nous obtenons :

65 % en Ire et 67 % en IIme de mémoire verbale, c'est-à-dire à peu près les mêmes coefficients qu'au test des monosyllabes.

4. Des *nombres* en séries de 6 ou 7, afin de mesurer la *mémoire numérique*. Pour que l'expérience soit autre qu'en attention, je les ai choisis doués d'une autre signification que leur pure valeur abstraite : dates d'histoire, acquises au cours de l'année, carrés ou cubes, appris par cœur, etc. Remarque d'une élève de Ire année :

« J'aime mieux cet exercice de nombre, surtout quand ce sont des dates, je les vois comme imprimées dans le livre d'histoire générale. »

L'adolescente retient 81 nombres sur 120 et 95 sur 140, soit le 68 % des nombres énoncés.

La jeune fille de IIme retient 84 nombres sur 120 et 98 sur 140, soit le 70 % des nombres énoncés.

Ainsi, la mémoire des nombres est aussi légèrement supérieure en IIme année. Elle est aussi plus forte, dans les deux classes, que la mémoire verbale, confirmant la remarque de B. Bourdon [1], que la mémoire numérique chez les jeunes est un peu meilleure que celle des mots ou des lettres. Pourtant le classement individuel, selon la mémoire numérique, diffère quelque peu des autres tests; certaines élèves, avancées en mémoire des idées et mémoire verbale, sont ici bien en arrière et vice versa.

Synthétisons les résultats :

XIII. BARÊME DE MÉMOIRE IMMÉDIATE.

	1. Mémoire des idées.		2. Mémoire verbale.			3. Mémoire numérique
	Franç. mod.	Vieux franç.	Mono-syllabes	Con-crets	Abs-traits	
			%	%	%	%
Adolescente de Ire année	50	35	64	73	53	68
Jeune fille de IIme année	65	43	67	73	60	70

Les tests entre eux ont une corrélation de 2,42 en Ire et 3,07 en IIme, selon la méthode Binet; ils présentent une grande constance de rang chez certains sujets.

Le classement global des tests de mémoire immédiate de reproduction met en évidence les sujets qui figurent aux premiers rangs par leur développement d'idéation (en association, évocation libre, vocabulaire, attention)

---

[1] *Influence de l'âge sur la mémoire immédiate.* (Année psych. I, p. 408).

et non les *érudites*, comme on pourrait s'y attendre; celles-ci sortent en 5me, 6me ou 7me rang, au-dessus de la moyenne, mais pas en tête. Les faibles de mémoire sont le gros noyau des sujets restés à l'intelligence sensorielle. Ceci est conforme aux résultats de Binet, énoncés dans cet aphorisme : « A petite mémoire, correspond faible intelligence [1]. » Nous verrons au chap. IX les corrélations mathématiques des facultés entre elles; c'est entre la mémoire et l'intelligence, la mémoire et l'attention, qu'elles sont le plus saillantes.

§ III. MÉMOIRE DE CONSERVATION. Deux tests seulement visent la durée des souvenirs.

1. *Des vers*, transcrits sans revision intermédiaire (les élèves étant prises par surprise n'ont en aucune manière pu revoir les textes), après 8 jours, 15 jours, 1 mois, 6 semaines, 5 mois, postérieurement à l'étude par cœur, m'ont permis un classement qui fait saillir aux premiers rangs les *érudites*. Le nombre moyen des vers conservés est calculé par élève dans les exemples suivants :

11 vers sur 14, soit le 80%, 8 jours après, dans Un Songe, p. Sully-Prudhom.
13 » 20, » 65%, 15 » » » Le Servant, p. Juste Olivier.
12 » 14, » 85%, 1 mois » » Les Cygnes, par Ed. Tavan.
33 » 90, » 36%, 6 sem. » » Moïse sur le Nil, p. V. Hugo.
20 » 42, » 50%, 5 mois » » Le cochet,... par LaFontaine

Résultats inégaux, mais desquels nous avons tiré toutefois un classement individuel.

2. *Des associations-couples* du chapitre premier permettent de mesurer le degré de conservation de certaines acquisitions mémorisées en classe. J'avais introduit, dans mes inducteurs, quelques mots appris par la Ire année dans les cours d'histoire, de rhétorique, de géo-

---

[1] *Les idées modernes*, p. 166.

graphie, d'histoire naturelle. Ces notions étaient parfaitement expliquées en classe, par toutes les élèves, dans des interrogatoires de forme ordinaire; chose curieuse, les induits prouvent, chez plusieurs sujets, que la notion acquise est restée vague, comme si elle n'était pas encore assimilée. Selon le procédé scolaire — je donnai une note de valeur à la réponse qui figure à l'induit, de 0 à 5, et j'essayai de chiffrer cette valeur pour les tests de 1910 et 1911 : ici encore, on mesure un progrès de la IIme année. Ex. :

Archaïsme = Vieux mots, tournure ancienne, néologisme, modernisme 5; barbarisme, gallicisme 4; pléonasme, onomatopée 3; littérature, langue 2; Achaïe, laïque, néarchisme 0.

Colisée = Rome, amphithéâtre, gladiateurs, jeux 5; théâtre, ruines 4; antiquité 3; palais, édifice, maisons 2; collège, monument 1; Grèce, Paris, colis, colision 0.

Troglodyte = Préhistoire, homme des cavernes, période magdaléenne, grotte 5; peau de bêtes, mammouth 4; antiquité, ancien, barbares 3; hiéroglyphes, peuple, homme 2; eau, arbre, pierre 1; drogue, amical, fleur 0, etc.

Voici les moyennes des exercices pour 13 couples, la note de valeur étant calculée pour chaque élève, puis en pour-cent; 13 fois la note 5 = 65, le 100 %; la Ire avec 27 au lieu de 65, fait du 42 % :

a. la fillette de Ire année 1010 obtient 27 en moyenne, c'est-à-dire retient le 42 % des choses apprises.

b. l'adolescente de Ire » 1911 » 38,8 » » » » 60 % »
   » de IIme » 1010 » 42,7 » » » » 64 % »

c. la jeune fille de IIme » 1911 » 45,9 » » » » 70 % »

En juillet 1910 — par manière de contrôle de mon enseignement de l'année précédente — j'eus l'idée de soumettre la IIᵐᵉ année à une épreuve complémentaire de ce genre, dans un autre test d'associations-couples, dont voici quelques inducteurs; ex. :

Polythéisme, allusion, laconisme, chlamide, lyrique, mémoriser, Carthage, voltaïque, erroné, oligarchie, hygromètre, chromatique, amphore, concision, satire, altruisme, etc.

En avril 1911, les deux classes subirent à nouveau ces 30 inducteurs, amalgamés à d'autres plus simples; voici les résultats :

a. { l'adolescente de Iʳᵉ 1911 obtient 71,1 (sur 30 couples) 47 % des choses appr.
      »   IIᵐᵉ 1910   »   86,2   »   57 %   »
b.   la jeune fille de IIᵐᵉ 1911 »   102   »   70 %   »

Ces notions-là étant plus difficiles, les chiffres sont un peu inférieurs à ceux du test précédent chez l'adolescente encore à l'intelligence sensorielle; la jeune fille de IIᵐᵉ année 1911, forte en intelligence verbale, a le même coefficient de mémoire de conservation que dans l'expérience antérieure. La corrélation des 2 tests de IIᵐᵉ année est de 2,24; la Iʳᵉ n'en a fait qu'un. Les *érudites* se sont distinguées ici : elles occupent les premiers rangs, prouvant par là une puissance de mémoire toute particulière.

§ IV. La mémoire de reproduction immédiate et la mémoire de conservation ne sont pas absolument de même nature; toutefois nous pouvons ramener ces deux globaux à un seul classement; le *rang mnésique,* vu leur corrélation mathématique : 0,4550, selon la méthode Pearson. (E P = 0,09336.)

§ V. Nous avons multiplié les enquêtes de mémoire chez nos jeunes filles (plusieurs en tête à tête avec l'expérimentateur) afin d'étudier, en vue des portraits de psychologie de la IIme partie : les types sensoriels (d'après Cohn, Lemaître), l'imagerie mentale individuelle (d'après Binet, French), les synopsies (d'après Flournoy, Lemaître). Il n'y a rien à extraire de cela pour la psychologie générale de l'adolescente : il paraît exister un certain parallélisme entre l'intelligence et les *types sensoriels* mixtes (visuels—auditifs—moteurs) plus nombreux en IIme ou les arriérés et les moteurs; la question semble trop controversée pour inférer de tel type sensoriel des conséquences pour la carrière. La riche *imagerie intellectuelle* de la IIme année marche de pair avec l'intelligence verbale; la fillette de Ire, quoique à l'intelligence sensorielle, présente plus souvent l'abstraction vague ou l'image sommaire, ce qui confirme une fois encore l'évolution : à l'adolescence, l'idéation passe du vague au précis, de la généralité au détail. L'imagerie semble en corrélation avec l'intelligence (0,3696, méthode Pearson). Quant aux photismes, ils n'offrent rien de remarquable :

Les photismes de voyelles paraissent chez 8 sujets de Ire et 10 de IIme année.
Ceux de consonnes   »   » 3   »   » 7   »
Ceux de chiffres   »   » 4   »   » 8   »
+ quelques photismes temporels.

§ VI. *Imagination.* Nous avons établi un classement de nos adolescentes d'après divers tests. Les phrases à compléter dégagèrent en quelque sorte l'imagination pure de l'émotivité, c'est-à-dire *l'imagination créatrice*, cette forme particulière de l'idéation — indéfinissable et pourtant concevable — qui s'allie à presque tous les actes de la pensée. Les enquêtes d'imagerie mentale révèlent aussi des *créations d'imagination* [1], parfois nette-

---

[1] Voir BINET. *Etude expérimentale de l'intelligence,* p. 155.

ment visualisées; les projets d'avenir, en chasse aux mots, en tiennent encore. Voici les moyennes :

Phrases à compléter . 13 % en Ire et 22 % en IIme.
Enquête d'imagerie .   4,3   »   10   »
Chasse aux mots . . .   3   »   1   »

L'imagination créatrice est plus forte en IIme année qu'en Ire, chez la jeune fille que chez l'adolescente ; elle paraît plus intense chez les filles que chez les garçons.

Nous avons rencontré aussi une autre forme d'imagination. Dans les tests d'attention et de mémoire immédiate, cette « folle du logis » est venue se substituer à l'action volontaire ou mnésique, *inventant* de toutes pièces le nombre, le mot ou la syllabe à reproduire. Est-ce là l'effet d'une imagination en effervescence ou simplement l'incapacité de discerner le vrai du faux ? En chasse aux mots, certains sujets sont allés jusqu'à amalgamer à des faits réels, directement observés, des éléments imaginaires, faisant ainsi de la *fabulation* [1]. La psychologie du témoignage a attiré l'attention sur cette forme de déviation inconsciente de la pensée, totalement indépendante de la bonne volonté. La fabulation semble un subterfuge inconscient. Les erreurs d'imagination sont plus fréquentes chez les sujets qui ont un fort coefficient d'imagination; cependant, ces erreurs sont moindres en IIme année, où la volonté et le sens critique sont plus exercés.

---

[1] Le mensonge est conscient, la fabulation est l'erreur d'imagination inconsciente et la mythomanie, la tendance pathologique (plus ou moins consciente) à la création de fables imaginaires. (G. ROUMA. Arch. de Psych. VII, 1908.)

Voici les moyennes de la fabulation :

Tests d'attention, syllabes dépourvues de sens 1,09 en Ire et 1,14 en IIme,

nombres abstraits 0,82	»	0,3 »
Tests de mémoire, monosyllabes 0,66	»	1,2 »
mots concrets. 3,3	»	0,55 »
mots abstraits 0,0	»	0,47 »
mémoire numérique 0,82	»	0,6 »
7,59		4,26

La fabulation plus fréquente en Ire qu'en IIme année, est peut-être une forme non encore adaptée de l'imagination créatrice plus riche en IIme qu'en Ire.

Nos tests d'imagination (phrases à compléter, enquête d'imagerie, chasse aux mots) présentent une certaine corrélation entre eux : 2,57 en Ire et 3,05 en IIme (méthode Binet).

Le global d'imagination est en corrélation intime avec le rang mnésique : 0,5891 (E P = 0,07688) par la méthode Pearson, légitimant ainsi notre groupement, en un même chapitre, des processus de mémoire et d'imagination.

L'enseignement devrait faire une meilleure place à la culture d'imagination, comme le dit M. Paul Souriau : « L'imagination n'est pas une faculté d'agrément. Elle a son utilité pratique. Elle nous permet de préméditer nos actes; elle nous fait entrevoir diverses possibilités de l'avenir; elle est indispensable à un être intelligent [1]. »

---

[1] *L'Education intellectuelle* (dans l'Education 1909, mars).

CHAPITRE VI

MESURE DE LA VOLONTÉ PAR LE DEGRÉ DE SUGGESTIBILITÉ

§ I. C'est à Binet que revient l'honneur d'avoir mis en évidence l'importance de la *suggestibilité* dans la vie psychique normale chez l'adulte, comme chez l'enfant et d'avoir fondé la science du témoignage. La suggestibilité est l'obéissance à l'influence d'une personne étrangère ou à l'influence d'une idée préconçue, qui paralyse le sens critique. C'est encore la passivité dans l'imitation, l'habitude ou une certaine exaltation de l'imagination. La suggestibilité n'est pas une maladie de la volonté, comme l'aboulie ou la folie du doute; c'est une manifestation normale de la volonté en formation chez les jeunes — la confiance — « sans laquelle il n'y aurait pas d'éducation possible ». Par intuition, c'est ce que les meilleurs maîtres ont toujours visé : celui qui fait naître l'enthousiasme d'une classe a plus de succès que le cérébral n'usant que du raisonnement froid, logique, méthodique. Les expériences de suggestibilité par les méthodes pédagogiques ne provoquent ni trouble, ni émotion et peuvent même être très utiles aux élèves quand, après coup, on leur en explique le but.

La *résistance à la suggestibilité* est moindre chez la fillette, sortant de l'école primaire (13 ans) que chez l'adolescente (14 ans) et plus grande chez la jeune fille de 15 ans que chez l'adolescente. Cette évolution de la

volonté est d'autant plus intéressante que son développement est de première importance dans la formation du caractère.

§ II. Cinq tests ont servi à mesurer la suggestibilité :

1. *L'action morale*. L'influence du maître m'a paru
intéressante à chiffrer, en usant de l'interrogatoire de
Binet [1]. Il s'agit ici de suggestion contradictoire ou d'une
idée directrice suggérée par l'expérimentateur lui-
même : *a*) dans la forme d'un *dilemme :* Ex. :

Le clocher du temple français est-il bleu ou gris ? —
(il est brun). L'Helvétia des timbres de 10 centimes,
est-elle de face ou de profil ? — (alors qu'elle est de
trois quarts).

b) Dans une habile question où l'attention ne portera
pas sur le fait inexact suggéré — considéré comme
implicitement admis — mais qui servira de point de
départ à une autre question :

Dans son portrait scolaire, Numa Droz porte-t-il un
lorgnon ou des lunettes (quand il n'a rien). Daniel Jean-
Richard tient une montre et un marteau (c'est une petite
pince, en réalité), dans quelle main la montre ? — Le Bossuet d'H. Rigaud a-t-il sur la tête une mitre d'évêque
ou un chapeau de cardinal ? (il a la tête nue), etc., etc.

Tous les exemples ont été choisis dans des choses très
connues de nos sujets : les timbres, les monnaies, les
édifices publics, les images des murs, etc. En alternant
avec d'autres questions, plus nombreuses, portant sur
des choses exactes, il était possible de faire admettre
des élèves que cette expérience visait leur *mémoire d'observation*. Puis, quand le piège fut découvert, il fut aisé
d'accréditer que c'était un moyen de déterminer le *sens*

---

[1] *La Suggestibilité*, chap. VI.

critique des plus perspicaces. Alors, quelques-unes arrivèrent à douter de l'existence de choses parfaitement connues d'elles — par auto-suggestion; ainsi, elles nièrent des valeurs de timbres suisses supérieures à quarante centimes et la pièce de cinq francs à effigie suisse. Ajoutons que toutes les expériences se firent collectivement, en imposant le silence d'un ton ferme. Un exemple est bien typique de la discipline : c'est la question relative au portrait de N. Droz qui était dans la salle même et qu'aucune ne regarda — car il aurait fallu se retourner. Dans une classe parallèle, où l'expérience était contrôlée, une élève voulut sortir de sa poche une pièce de vingt centimes : les camarades furent indignées de la fraude et jamais plus on ne truqua.

En ne tenant compte que de la suggestion selon l'action morale, nos deux groupes de sujets ont répondu à 27 questions-pièges, amalgamées à une quarantaine d'autres, échelonnées sur deux mois, non sans plaisir pour les élèves qui contrôlaient après la classe la valeur de leurs réponses. Les unes sont *erronées*, d'autres *douteuses;* il en est de *rectifiées* qui prouvent une inhibition délibérée de la suggestion. Conformément aux résultats des autres expérimentateurs, les moyennes de classe prouvent plus de suggestibilité en Ire et plus d'inhibition en IIme année :

L'adolescente de Ire année présente 61 % de suggestibilité, 17 % de doute, 22 % d'inhibition.

La jeune fille de IIme année présente 55 % de suggestibilité, 18 % de doute, 27 % d'inhibition.

Aux premiers essais, la différence des deux classes était peu sensible : tous les sujets, sans exception, ont accepté le marteau de Daniel JeanRichard, sans qu'aucune de ces filles d'horlogers marquât même un doute.

Tous les sujets de Ire ont coiffé le Bossuet de Rigaud (en IIme, 13 sur 20), quoique ces jeunes filles aient eu l'occasion de voir fréquemment cette image au collège. A répéter trop souvent les tours de prestidigitation, on les déflore; peu à peu, la classe supérieure annonça nettement son sens critique. L'action des questions suggestives diminue avec le développement de l'individu.

Négligeant l'hypnotisme, la suggestion à l'état de veille et même l'action de l'expérimentateur, Binet chercha à déterminer *l'auto-suggestion*. Ses tests obligent le sujet à se forger une idée directrice à laquelle il obéira (sans pression morale du maître). De même, d'après Scripture, il faut que la suggestion naisse d'elle-même dans la mentalité du sujet. C'est cette forme de *suggestibilité selon l'idée directrice* qui se rencontre dans les tests suivants :

2. *La copie de texte.* En transcrivant le texte d'Aucassin et Nicolette, beaucoup de nos jeunes filles se sont laissé entraîner à suivre l'orthographe moderne, et cela surtout en IIme année; celle-ci fait 26 fautes quand la Ire n'en a que 17 par élève. Est-ce le fait de la suggestibilité, de l'importance plus grande donnée à l'orthographe dans cette classe, d'une plus grande confiance en soi chez ces sujets-là ? Partout ailleurs, la suggestibilité est moindre en IIme année qu'en Ire.

3. *Nombres sériés.* Dans les essais de mémorisation de nombres, quelques élèves calculaient des nombres sériés plutôt que de les retenir de mémoire, aussi ai-je pensé en tirer un test de suggestibilité selon l'idée directrice. Un mois après, j'ai essayé des séries de multiples de nombres, dans lesquelles j'introduisais volontairement des erreurs.

Ex. :	11	22	33	44	55	66	77	88
	12	24	36	48	60	72	84	96
	13	26	39	52	65	78	91	104
	14	28	42	58	70	82	98	102
	15	30	45	60	75	90	105	120

Avec de la discipline, ce test peut se faire collectivement. J'ai fait 5 séances, annonçant simplement : « Voici encore un exercice de chiffres. » L'idée de croissance — il est plus facile de calculer que de retenir de mémoire — devait être née peu à peu dans tous les cerveaux. En chiffrant le nombre des erreurs rectifiées par auto-suggestion, je pensais obtenir un test parfait. Tous les sujets n'ont pas donné dans l'idée directrice; une élève en Ire et trois en IIme se sont contentées de mémoriser. On m'objectera que deux influences se combattaient dans la conscience du sujet : 1º l'habitude de retenir de mémoire, comme dans les tests antérieurs, 2º l'influence de l'idée directrice. Toutefois ici, comme dans la suggestibilité par confiance, la Ire année accuse moins de résistance à la suggestibilité que la classe supérieure; celle-ci ne rectifie que 80 nombres par auto-suggestion, tandis que la Ire en modifie 89 par les procédés de calcul que devait inspirer l'idée directrice.

4. *L'influence grammaticale de l'inducteur dans les associations-couples.* Les tests d'associations-couples 1910, 1911, marquent mieux que les exercices précédents le degré de suggestibilité aux divers stades de l'adolescente. Chez les êtres suggestibles, la forme grammaticale a servi l'idée directrice, l'inducteur nom commun amenant invariablement un induit nom commun.... et ainsi de suite pour les noms propres, les adjectifs, verbes et autres mots. La reprise du même test, dix mois après, fait mieux saillir ainsi le développement de

l'individualité et de la volonté chez certains sujets qui, moutonniers en mai 1910, ont beaucoup plus d'indépendance en avril 1911. Les induits de même nature grammaticale que l'inducteur indiquent la *suggestibilité*. Les induits d'autres formes que l'inducteur marquent la *résistance* à la suggestibilité.

a. la fillette   de Ire année 1910 fait en moyenne 70,1 % de suggestibil.
b. l'adolescente de Ire   »   1911   »   62,7 %   »
c.   »   IIme   »   1910   »   63,3 %   »
d. la jeune fille de IIme   »   1911   »   52,0 %   »

Ces résultats corroborent ceux de O. Lippmann [1] qui a trouvé aussi une diminution de suggestibilité à mesure que les tests atteignent des élèves plus avancés. Les sujets cultivés sont bien moins suggestibles que ceux de culture inférieure; l'âge a moins d'influence que le développement. Ex. : individuellement, deux sujets de même âge, exactement, l'un en Ire, l'autre en IIme font :

Olga, Ire année 91 % à 13 ans 11 mois et 79 % à 14 ans 9 mois.

Sophie, IIme année 70 % à 13 ans 11 mois et 52 % à 14 ans 9 mois.

La moutonnerie de Ire année paraît mieux encore dans le tableau X, p. 72, chap. III.

5. *Lignes croissantes*. Sous prétexte de mesurer la précision de la perception visuelle, j'ai repris les expériences de Binet [2] sur les *lignes de longueurs croissantes* en les modifiant un peu pour permettre des exercices collectifs. Chaque ligne était présentée isolément, sur une feuille de carton, afin d'être vue du fond de la classe.

a) Dans l'exercice où toutes les lignes commencent au même point (à la marge), la Ire année donne une

---

[1] *Die Wirkung der Suggestivfragen* (Zeits. f. angew. Psych. I. II.)
[2] *La Suggestibilité*, chap. II et III.

moyenne de 43 % de lignes-pièges allongées, la IIme année 40; les élèves de Binet, 88 % au cours inférieur et 47 % au cours supérieur de l'école primaire; nos élèves d'école secondaire sont un peu plus avancés et moins suggestibles.

b) Dans l'exercice où les lignes sont placées irrégulièrement dans la page, la Ire année donne la même moyenne d'erreur 43 %; la IIme n'a pas fait l'exercice. Nous pouvons conclure de ce test que la suggestibilité est plus forte en Ire, l'inhibition à l'idée directrice, donc le sens critique, plus accusée en IIme année.

« Le degré de suggestibilité est une des caractéristiques les plus importantes de l'individu », affirme Binet dans une étude des méthodes de psychologie individuelle. J'ai, moi aussi, constaté que la plupart des sujets qui ont un faible coefficient de suggestibilité sont des avancées des chap. I, II, III et IV.

§ III. Etablissons ici le barême de volonté selon la résistance à la suggestibilité :

XIV. BARÊME DE VOLONTÉ

	Assoc. 1910	Copie de texte	Action morale	Lignes	Assoc. 1911
	%	%	%	%	%
Fillette de Ire année 13 ans 1 ½ mois	30				
Adolescente IIme » 1010, 13 » 8 »	37				
» Ire » 1911, 13 » 10 ½ »		83	39	57	37,3
Jeune fille IIme » 1911, 14 » 6 »		74	45	60	47

Les plus forts coefficients de volont· paraissent en IIme année (sauf la copie de texte). Les rangs particuliers n'offrent pas entre eux une grande constance; cela tient peut-être à ce que certains tests n'ont pas été compris de même (vieux français, nombres sériés). La corrélation des 5 tests de volonté, établie par la méthode Binet, n'est ici que de 3,55 en Ire année et 3,67 en IIme.

Etant donné l'extrême expansion affective de la IIme année, je m'attendais à la trouver plus suggestible, notamment à l'action morale de l'expérimentateur, la suggestibilité ayant été définie aussi d'*autorité, influence, empire, fascination, charme, sympathie*, etc. Je suis aise de constater, après d'autres psychologues et par l'expérimentation, que cette affectivité ne paralyse nullement l'indépendance et la faculté critique, apanages de IIme année, et que — loin d'être entravée par là — la volonté croit parallèlement à l'émotivité. La comparaison des rangs selon la suggestibilité et l'affectivité prouve leur antinomie : — 0,3982 (E P = 0,24267) (méthode Pearson), c'est-à-dire une corrélation inverse.

La volonté évolue à peu près parallèlement à l'intelligence.

Dans un bel article sur la « Formation du vouloir », M. Paul Gautier montre l'importance de la culture pédagogique de la volonté.

« Armature du caractère, facteur et garantie de tout progrès, tant moral qu'intellectuel, affectif, matériel et organique même, la formation du vouloir est à tel point fondamentale dans l'œuvre de l'éducation qu'à son défaut les plus belles qualités de l'intelligence et de la sensibilité périclitent, cependant qu'il n'est rien de négligé ou d'inférieur qui, avec son concours, ne puisse porter ses fruits [1]. »

---

[1] *L'Education* (mars 1910).

CHAPITRE VII

MESURE DE LA PERSONNALITÉ

Par la simple lecture des tests, on est aisément convaincu que l'adolescente de IIᵐᵉ est douée de plus de spontanéité, de plus d'indépendance que la fillette de Iʳᵉ année; nous l'avons constatée plus « personnelle » dans les tests (évocation libre, descriptions, suggestibilité). Il s'agit maintenant de noter quantitativement cette *personnalité*.

§ I. Quelques psychologues contemporains ont repris l'association des idées comme procédé d'investigation des processus complexes de la pensée; par de curieuses expériences, ils arrivent ainsi à déterminer *l'originalité d'idéation* d'un groupe de sujets. Leurs conclusions constituent la fameuse *loi de Marbe* [1] : un inducteur amène, chez des sujets différents, un certain nombre de fois le même induit, parmi d'autres; plus cette répétition est fréquente, plus l'association est rapide. Schmidt, Wreschner, Watt ont confirmé cette loi, que les réactions les plus communes sont les plus rapides. Nous savons déjà que la valeur des formes associatives est « en raison inverse de la vitesse de l'association » (p. 33). Les induits communs à plusieurs sujets sont plus rapidement évoqués que les induits uniques; puisque l'association courte est de moindre valeur qualitative que l'association

---

[1] THUMB et MARBE : *Exp. Untersuchungen über die psych. Grundlagen der sprachlichen Analogiebildung.*

lente, « les réactions fréquentes sont donc de valeur inférieure aux réactions uniques ».

Les associations de nos adolescentes frappent par le grand nombre d'induits semblables suggérés aux élèves des deux classes par le même inducteur; ce sont les *réactions privilégiées* (« bevorzugte Reactionen ») des psychologues allemands. L'étude de M. Pierre Bovet, directeur de l'Institut J.-J. Rousseau de Genève, « l'Originalité et la banalité dans les expériences collectives d'associations [1] », m'a donné l'idée de rechercher mathématiquement les réactions communes et les réactions uniques de mes sujets, espérant répondre par là à quelques-uns des problèmes sur lesquels l'auteur attire l'attention : relations entre l'originalité et la suggestibilité, entre l'originalité en association et celle des travaux scolaires, l'homogénéité d'un groupe, etc., etc. M. Bovet conclut que « des expériences collectives faites dans des classes de degrés différents et dans une même classe, à diverses reprises » élucideraient peut-être quelques-unes de ces questions; ce sont précisément des conditions que nous réalisons. Des tests de ce genre mettent en évidence les différences individuelles des sujets : certains d'entre eux fournissent à peu près constamment la réaction commune, d'autres présentent surtout des induits originaux.

§ II. *L'originalité des associations-couples 1910.* En nous basant sur la valeur qualitative des induits, en sens inverse de la fréquence, nous avons établi pour chaque couple la gradation suivante :

1. *Unicité*, l'induit ne paraît qu'une fois chez les 20 sujets, c'est le record de l'originalité.

---

[1] *Arch. de Psych.* Tome X, p. 70-83.

2. *Rareté*, l'induit paraît chez 2, 3, 4 ou 5 sujets sur 20, soit de $1/10$ à $1/4$ de la classe (10 % à 25 %).

3. *Banalité*, l'induit est semblable chez 6, 7, 8.... 19 et 20 sujets (de 30 % à 100 % des sujets).

Ex. :

UNIQUES	RARES
déesse—idolâtrie. déesse—Isis ;	déesse—grecque, déesse—divin ;
monnaie—Bourse, solfège—Conservatoire;	monnaie—or, solfège—notes;
irrigation—Egypte, tombeau—catacombes;	irrigation—drainer, tombeau—deuil;

BANALES

déesse—dieux $7/20$, déesse—Dieu $8/20$.
monnaie—argent $8/20$, solfège—chant $10/20$.
tombeau—mort $6/20$, irrigation—canal $10/20$.

Sans que j'aie cherché à multiplier les homonymes, quelques inducteurs ont donné lieu à des variantes d'interprétation (l'inducteur étant parfois déformé par la mauvaise acoustique de la salle) :

Franc—centimes, Franc—Clovis, franc—droit; iris—œil, iris—fleur; cuir—semelle, cuire—soupe; ride—front, rime—poète; exclamation—interrogation, excavation—cavernes, etc.

Franc (sens de monnaie) paraît chez 10 élèves; le couple franc-centimes, 4 fois sur 10, est une association banale, aussi fréquente que si elle venait $8/20$; le couple Franc—Clovis $3/8$ est encore une association banale, étant plus fréquente qu'au quart des sujets, etc.

Bien que cette considération ne se trouve pas chez mes devanciers [1], il me paraît indispensable de tenir compte de la *valeur des formes associatives*, en une certaine manière. Des réactions uniques, qui sont des associations externes ou sans valeur, telles que les associations motrices verbales, les mots composés et dérivés,

---

[1] M. BOVET (p. 80) considère qu'une réaction unique, telle que César—Sésame (allitération) a la même valeur d'originalité que César—Pompée (coexistence).

les assonances, etc., ne peuvent constituer aucune originalité d'idéation, alors même qu'elles présenteraient l'unicité; il ne peut y avoir originalité dans des réactions dont l'élément intellectuel est absent (on n'attribue pas non plus grande originalité au faiseur de calembours). Voilà pourquoi des réactions stéréotypées j'ai fait un échelon inférieur à la banalité, soit :

4. *Nullité*, induits — même uniques — d'associations externes et sans valeur. Ex. :

Cacophonie—carafe, emphase—phase, girofle—clou, sourire—rire, Arthur—Port-Arthur, poison—contrepoison, tout—le monde, etc.

Cela revient à dire que, pour déterminer l'originalité d'un groupe de sujets, il faut s'en tenir aux seules *associations intelligentes*.

Quelques inducteurs de IIᵐᵉ année n'ont amené que des induits différents, des uniques; aucun, en association-couple, n'a amené 20 fois le même induit.

Chacun des 6,800 couples d'association a été classé *unique, rare, banal* ou *nul*. Dans chaque classe, les élèves furent réparties en originales, *moyennes, banales* ou *nulles*, selon le chiffre dépassant le plus le barème de classe. Voici les résultats :

	1. Unicité. %	2. Rareté. %	3. Banalité. %	4. Nullité. %
La fillette de Iʳᵉ année, 13 ans ¹/₂ mois...	29	33	22 ¹/₂	15 ¹/₂
L'adolescente de IIᵐᵉ année, 13 ans 8 mois	42	33	14	10

L'adolescente de IIᵐᵉ présente un fort coefficient d'originalité, la fillette de Iʳᵉ, des chiffres élevés en banalité et nullité; la personnalité est plus saillante en IIᵐᵉ classe.

§ III. *L'originalité des associations en constellation.* Ces exercices sont plus féconds en réactions banales. Tandis que la IIᵐᵉ année préférait l'association-couple, la

fillette de Ire goûta davantage l'association en constellation : « On peut choisir nous-mêmes et c'est plus facile.»
Il y a moindre effort, en effet, par suite d'anciennes habitudes, peut-être — loi de réintégration d'Hamilton [1]
— qui fournissent des induits en grand nombre et offrent
beaucoup d'idées communes, même à tous les sujets. Ex.:

> Journal—imprimerie 20/20 en IIme et 0/20 en Ire.
> Bateau—vagues . . . 20/20 en Ire et 17/20 en IIme.
> Temple—église. . . . 20/20 en Ire et 13/20 en IIme.
> Araignée—toile . . . 19/20 en Ire et 12/20 en IIme, etc.

Ce test révèle aussi des réactions nulles; dans les derniers exercices, les mots de même racine, les antithèses
abondent, par l'effet de la fatigue ou la hâte de battre
un record de quantité. Voici les résultats, ce test n'étant
que de 2 mois postérieur au précédent :

	1. Unicité.	2. Rareté.	3. Banalité.	4. Nullité.
	%	%	%	%
La fillette de Ire année, 13 ans, 3 1/2 mois. .	20	35	32	4
L'adolesc. de IIme année, 13 ans 10 mois. .	32	36	27	5

L'originalité domine aussi en IIme et la banalité en Ire
année, bien que ce test favorise moins l'unicité : il est
plus malaisé d'être original dans une liste de 50 ou 60
mots du même thème, qu'avec un seul induit !

§ IV. *L'originalité de la chasse aux mots.* C'est bien
avec le « vocabulaire spontané » de l'adolescente que
nous connaîtrons le mieux l'originalité propre à chaque
individu. C'est 15,000 mots à classer ! La méthode même
doit être un peu modifiée; il y a trois classements consé-
cutifs à établir : 1° pour chaque élève, la liste de tous ses
mots *différents,* car la plupart d'entre elles se sont
répétées dans leurs thèmes favoris. Il serait possible de

---

[1] Cité par CLAPARÈDE. *L'association des idées,* ch. Ier : « Deux idées qui
ont fait précédemment partie d'un même acte intégral de cognition se
suggèrent mutuellement. »

déterminer, pour chaque sujet, un rang particulier, selon la *richesse* ou la *pauvreté* de son vocabulaire : la moyenne de Ire année est de 390 mots différents par élève, celle de IIme année de 582. Le record de la richesse est de 1136 chez une élève de IIme; la pauvreté la plus grande, chez une élève de Ire qui n'a qu'un total de 189 mots différents en 15 exercices de 5 minutes chacun. Les listes par ordre alphabétique facilitent le travail ultérieur. — 2° par classe, un tableau des mots *uniques*, *rares*, *banals* ou *nuls* selon notre norme de la page 108; nous classons nuls les mots de même famille, les habituels contraires (majeur—mineur, soleil—lune, ami—ennemi) les synonymes, homonymes, kyrielles stéréotypées (couleurs de prisme, mois de l'année, séries grammaticales, d'histoire naturelle, etc.) les citations clichées, les assonances dues à la fatigue, etc. Ces produits d'automatisme sont des moyens d'allonger la liste quantitative des vocables, mais ne décèlent point l'originalité. — 3° pour chaque individu, les *coefficients d'unicité*, *rareté*, *banalité*, *nullité* de façon à lui donner un rang particulier pour ce test.

Les résultats m'ont quelque peu surprise : le coefficient d'originalité est si faible.

	1. Unicité. %	2. Rareté. %	3. Banalité. %	4. Nullité. %
L'adolescente de Ire année, 13 ans 7 $^{1}/_{2}$ mois	17	30	40	13
L'adolescente de IIme année, 14 ans 2 mois	19	34	31	13

Il me semblait que ces jeunes filles, remises à elles-mêmes, c'est-à-dire sans influence aucune de l'expérimentateur (car l'inducteur, même dans l'association en constellation « aiguille » la pensée), devaient accuser une plus grande divergence entre elles. Pourtant, que d'idées communes en Ire année, de mêmes leçons apprises, de mêmes réjouissances et de mêmes soucis, voire de mêmes préoccupations affectives en IIme année ! Le vocabulaire des mêmes maîtres les influence aussi. Bref, avec 400 ou 500 mots, il est encore plus malaisé d'être original, en groupe, qu'avec 50 ou 60 mots ! En multipliant moins les exercices, le coefficient d'originalité eût été plus élevé; les jeunes filles ont fini par se répéter beaucoup. Du reste, pouvons-nous comparer deux groupes dont le choix des mots est si différent ? La mentalité des deux classes est tout autre : les termes banals de Ire sont surtout des mots relatifs à l'école (noms des leçons et citations de leçons apprises, énumération des objets mobiliers) aux sports, au temps qu'il fait; en IIme ce sont plutôt des épisodes de la vie scolaire (examens, punitions, rires, etc.), des objets de toilette, des termes affectifs. Aucun mot n'a paru 20 fois chez les 20 élèves de IIme, tandis que nous rencontrons en Ire : histoire $^{20}/_{20}$, neige $^{20}/_{20}$, fenêtre $^{20}/_{20}$.

Qu'importe que le coefficient d'originalité soit faible comparativement aux autres qui ne sont pas absolument de même nature) ce qui intéresse, c'est de voir la IIme année — avec un nombre de mots bien plus considérable — être plus originale que la Ire. Prenons un exemple; parmi les mots en *a* sont uniques [1] :

Ire ANNÉE : absence, abaisser, abonnement, *abeille*, abattre, abri; accouder, accorder, *accepter*, accrocher, *accourir*, actif, accent, accord; adroit, aération; affliger; agiter, agenda, agaçant; alliage, alto, alpiniste, alcool, alphabet, alexandrin; *antithèse*, angoisse, *anneau*, anatomie, anémique, *annoncer*, amabilité, *ambulance*, application, appétissant, aplanir, *apercevoir*, appliquer, applau-

---

[1] Les mots *soulignés* sont communs aux deux classes, mais uniques dans chacune.

dir, *apprenti*; araignée, archaïque, arracher, armer, archet, *arroser*, aristocratie, argenté, Arabes, *arcade*, artifice, ascension, assurer, assis, assassin, aspirer, *atelier*, atteindre, Athalie, *augmenter*, aumône, automne, *auguste*, auteur, avoine, avantage, *aveugle*, avancer, avaler, aventurier, avoyer, aviation, avant-bras.

IIme ANNÉE : abondant, *abeille*, ablution, abominable, abcès, abus, abbaye, absolution; âcre, acide, accusatif, accordéon, accélérer, acteur, accroire, accès, aqueux, accomplir, acharné, action, acclamer, *accourir*, *accepter*; adopter, adoucir, adouber, Adriatique, administrer, adoration, adversaire ; aéronaute, aérolithe ; affluent, Africain, *affliger*, affût, affable, affolant; agrément, agraire, agir, aggraver, agenouiller, agrandir; aigue-marine, Aix-la-Chapelle, airain, ail, aisance, aiguiser; alinéa, almanach, album, allécher, alléger, aliter, aluminium, alouette, allée, allonger; améthyste, amputer, amphore, amplifier, ambition, *ambulance*, amidon, amender, Américain, amalgame, ambre, amant ; *antithèse*, *anneau*, antichambre, anti-alcoolisme, androcée, anecdote, antagonisme, anthologie, *annoncer*, anarchiste, antre, anxiété, ancêtre; approcher, approprier, apprivoiser, appréhension, *apprenti*, apprêt, appellation, apostrophe, *apercevoir*; aquatique; Aoste; armistice, arboriculture, Ariana, archéologie, arc-en-ciel, archevêque, arpège, arquebuse, aristoloche, Arabie, arche, Argovien, archiduc, arranger, *arroser*, *arcade*, arrestation, arctique; Asie, aspect, assombrir, aspiration, astronomie, assimiler, assouvir, assaillant, assommant, assiégé, assiduité; athéisme, atterrir, Athènes, Atlas, atome, attrister, attrait, attaque, attelage, atroce, *atelier; augmenter*, aube, autorisé, autel, auparavant, autrui, *auguste*, automate, auge, auréole, audacieux, auvent, augure, autographe, aurifier ; avare, *aveugle*, avantage, aveu, avènement, avenir, avalanche, azote, azalée.

Les sujets qui ont beaucoup de réactions banales sont ceux qui sortaient aux derniers rangs des globaux précédents; les réactions originales se trouvent chez les sujets habituellement aux premiers rangs des chapitres antérieurs.

§ V. *L'originalité des associations-couples 1911*. Repris 10 mois après, ce test paraît tout autre. Les réactions banales sont devenues si rares qu'il eût fallu peut-être changer de norme (je ne l'ai pas fait). Sur 340 inducteurs 27 en IIme et 9 en Ire ont amené autant de réactions diverses que de sujets (unicité). A la simple lecture, l'originalité est saillante : les chiffres sont plus éloquents :

	1. Unicité. %	2. Rareté. %	3. Banalité. %	4. Nullité %
L'adolescente de Ire année, 13 ans 11 ½ mois	50	35	10	5
La jeune fille de IIme année, 14 ans 6 mois	65	24	8	3

Voici quelques réactions uniques :

Pensée—vagabonder, jeune fille—illusions, règle—statuts, émotion—affectif, science—licenciée, rouge—révélation, musique—Beethoven, chasse—Diane, Arthur—magnétisme, église—style, bronze—bas-relief, barioler—bohémiens, immortalité—scientisme, socialisme—féminisme, etc.

La jeune fille de IIme année, en pleine intelligence verbale, est bien supérieure en originalité à l'adolescente qu'elle incarnait au printemps précédent [1].

L'adolescente de Ire année 1911, non contente d'atteindre le coefficient d'originalité de l'adolescente de IIme 1910, le dépasse de 8 %, quoique encore au stade d'intelligence sensorielle. J'attribue cet épanouissement à ce que les élèves ont subi — outre l'enseignement officiel semblable — un certain apport par *l'influence des tests* qui, tout en mesurant leur valeur psychologique,

---

[1] Voir le schéma, fig. 4, qui figure l'évolution de l'originalité par le seul test des associations-couples.

leur demandaient parfois de l'introspection, ce qui les développa surtout dans le domaine de la *personnalité;* je n'irai pas jusqu'à soutenir le paradoxe que nos tests développent essentiellement la spontanéité; quoique ils aient constitué un travail surnuméraire, leur influence a été plus bienfaisante que nuisible, puisque, à la fin de l'année, la Ire réalise un progrès sensible.

§ VI. Résumons en un barême les résultats obtenus :

XV. BARÊME D'ORIGINALITÉ.

	Assoc.-couples	Assoc.-constella-tion	Chasse aux mots
	%	%	%
Fillette, 13 ans 1 ½ mois, Ire année 1910	20	—	—
13 ans 3 ½ mois, Ire année	—	29	—
Adolescente, 13 ans 7 ½ mois, Ire année	—	—	17
13 ans 8 mois, IIme année	42	—	—
13 ans 10 mois, IIme année	—	32	—
13 ans 11 ½ mois, Ire année 1911	50	—	—
14 ans 2 mois, IIme année 1910	—	—	19
Jeune fille, 14 ans, 6 mois, IIme année 1911	65	—	—

Entre les rangs particuliers des 4 tests, il y a constance absolue chez 4 sujets, relative chez 12 d'entre eux. Leur corrélation est évidente d'après la méthode Binet : 2,56 en Ire et 2,69 en IIme : ainsi nous pouvons établir pour chaque élève un rang global de la personnalité.

Il me paraît exister, en général, un réel parallélisme entre l'originalité des tests et celle des travaux scolaires, notamment la composition française. La personnalité augmente avec l'âge, mais surtout avec l'évolution psychique : ce sont les mêmes sujets qui sont premiers en intelligence, affectivité, originalité. Par la méthode Pearson, la corrélation est de :

0,6797 (E P = 0,06334) entre l'intelligence et l'originalité.

0,5301 (E P = 0,08465) entre l'affectivité et l'originalité.

Par contre, entre la suggestibilité et la banalité, il n'y a qu'un rapport très faible, et même douteux, ce semble, la formule n'aboutissant qu'à : 0,1990 (E P = 0,11305).

L'homogénéité du groupe est plus grande en IIme qu'en Ire; il y a plus de divergence entre les sujets de la classe inférieure, mais cela n'implique nullement qu'il y ait uniformité entre ceux de IIme, puisque les coefficients d'originalité des 4 tests sont plus forts que ceux de Ire année.

La pédagogie de l'avenir — basée sur la psychologie individuelle — dégagera mieux que nous ne le faisons, la personnalité chez les adolescents.

CHAPITRE VIII

MESURE DE L'AFFECTIVITÉ CHEZ L'ADOLESCENTE

Les tests d'idéation révèlent chez l'adolescente de IIᵐᵉ année une personnalité plus accusée que chez les sujets de Iʳᵉ; c'est probablement une conséquence de l'importante évolution physiologique. Rousseau disait de la puberté : « C'est ici la seconde naissance; c'est ici que l'homme naît véritablement à la vie et que rien d'humain n'est étranger à lui [1] ». C'est surtout dans le domaine *affectif* que se marque l'antithèse entre la fillette, encore à l'époque prépubère, l'adolescente, en pleine crise pubertaire et la jeune fille, chez qui l'évolution physiologique est accomplie. L'adolescence est caractérisée par une grande expansion *d'émotivité*, comme le prouvent l'observation directe, les tests et interviews, ainsi que les causeries avec les parents : c'est bien le cas de parler de « seconde naissance » : *l'adolescente naît à la vie affective* et cette affectivité se traduit par une exagération de sentiments, typique de « l'âge ingrat »; MM. Lemaître et Mendousse l'ont constatée aussi chez les adolescents. Nos tests prirent sur le vif cette phase d'hypertrophie affective en IIᵐᵉ année de septembre 1910 à février 1911 (5 mois), après quoi l'apaisement se fit, tandis qu'en mars et avril 1911, j'as-

---
[1] *Emile* IV.

sistais seulement en Ire aux premiers balbutiements sentimentaux, prélude de la crise prochaine.

§ I. *Exercices individuels.* Pour déterminer l'imagerie mentale, j'eus avec chaque sujet un entretien particulier; l'élève étant assise au même banc que moi, je notai son attitude (pendant qu'elle écrivait des mots), que la solitude dans une grande salle, le tête-à-tête avec l'expérimentateur, l'inconnu de l'expérience impressionnaient un peu. L'*émotivité* s'est traduite par les manifestations que voici, surtout en IIme :

1. *La gêne*, depuis l'attitude réservée, jusqu'aux mouvements inconscients tiraillant le vêtement, froissant ou déchirant le papier, changeant l'écriture, ou la paralysie des mouvements (15 sujets en IIme et 8 en Ire).

2. *L'éréthisme*, depuis les oreilles rouges jusqu'à la rougeur qui atteint la cornée, avec un exemple d'éréthophobie : voici la confession spontanée de la jeune fille :

« Je voudrais ressembler à quelqu'un qui ne rougit jamais, qui reste toujours impassible, sans jamais changer de couleur; mais au physique seulement. Je ne voudrais pas être insensible et c'est justement ce que sont quelques-uns de ceux qui ne rougissent jamais. »

3. *La voix blanche*, depuis une certaine hésitation, au tremblement qui semble mouiller de larmes les paroles insignifiantes, jusqu'à la gorge serrée, au mutisme.

4. *Le tremblement du corps* (qui agite même le banc, sur lequel nous sommes toutes deux) accuse un grand trouble.

5. *Le regard insaisissable*, preuve de vive émotion. Cela constitue autant de critères évidents de *timidité*, c'est-à-dire d'émotivité exagérée. Après une enquête écrite et l'observation des jeunes filles, il faut ajouter aux signes extérieurs de la sensibilité de l'adolescente :

6. *Les larmes faciles*, sans cause triste parfois. Ex. :

« Tu n'aimes pas ce livre parce que Mlle Alex pleure beaucoup; ça ne t'est jamais arrivé ? Ce que j'en ai versé de larmes, moi ! — J'ai pleuré, ah ! mais pleuré à chaudes larmes ! c'était nigaud, stupide, bête, mais je ne pouvais m'en empêcher.... » (Journal.)

7. *Le fou rire*, rire par crises, sans raison, souvent de longue durée, contagieux.

Beaucoup avouent être taquinées à la maison pour cette *sensiblerie*. Ce nervosisme, en quelque sorte tout physique, caractérise la fillette de Ire année, travaillée par la crise physiologique, mais qui n'en a reçu encore aucune transformation intellectuelle ni émotive.

La *timidité*, plus affective d'origine, est plutôt postérieure à la crise pubertaire :

	Gêne.	Eréthisme.	Voix blanche.	Tremble- ment.	Regard insais.	Larmes.	Fou rire.	Tous les critères.
La fillette de Ire	8	16	10	2	5	12	16	2
L'adolesc. de IIme	15	10	15	6	7	8	5	5 sujets

§ II. *Interviews*. La méthode américaine devient tout à fait intéressante quand on connaît les personnes qui répondent. J'ai posé à mes 40 sujets collectivement de nombreuses questions, au cours de l'année d'expérimentation, sans plan, ni idée préconçue, toujours sous le prétexte d'une statistique de leur vocabulaire. Leurs réponses écrites permettent une comparaison des deux classes et fournissent des documents précieux pour la psychologie individuelle; les jeunes filles ont fait preuve d'une analyse introspective, que je n'aurais pas attendue des adolescentes. Parmi les exemples, plusieurs questions sont empruntées à M. Lemaître [1] :

---

[1] *La vie mentale de l'adolescent* (Collection d'actualités pédagogiques).

1. Quel genre de vie souhaiterais-je ?
2. Que ferais-je de mon premier billet de fr. 100.— gagné ?
3. Quelle carrière entreprendre ?
4. A qui voudrais-je ressembler ?
5. Quels sont les défauts et qualités de mes camarades ?
6. Que pensez-vous du jeu des poupées ?
7. Préférez-vous un travail facile ou difficile et pourquoi ?
8. Regrettez-vous parfois de n'être pas un garçon ?
9. Aimez-vous les bébés ?
10. Quels sont vos livres préférés ? vos jeux favoris ?
11. Suis-je pour le célibat ou le mariage ?
12. Préférez-vous les livres tristes ou gais ?
13. Que pensez-vous des contes ?
14. Vous plaisez-vous aux châteaux en Espagne ?
15. Préférez-vous le jeu ou la lecture ?
16. Quelle est votre devise ?
17. Etes-vous quelquefois distraite en classe ?
18. Doutez-vous parfois de vous-même ?
19. Que ferais-je de mon temps sans école, ni occupation obligatoire ?
20. Que pensez-vous de l'amitié, de celle des camarades, de celle des grandes personnes ? Faites le portrait de votre meilleure amie, etc., etc.

A la question 8, l'adolescente de IIme répond : 5 non catégoriques, 5 oui et 10 « quelquefois ».

La fillette de Ire répond : 7 non catégoriques, 5 oui et 8 « quelquefois ».

Ces préférences à cause de la liberté des jeux bruyants, le costume pratique, la possibilité de voyager plus aisément, le service militaire, etc. : en somme plus de liberté.

A la question 12, la Ire répond $^{16}/_{20}$ fois les livres gais, tandis que $^{18}/_{20}$ en IIme préfèrent les livres tristes : « Ils

sont plus passionnants. » — « Ils donnent à réfléchir. »
— « Ils émeuvent. »

La question 10 marque bien l'antithèse des deux groupes : les jeux actifs plaisent à la fillette de Ire (59 % :
course, cache-cache, sport); l'adolescente donne la préférence aux jeux tranquilles (75 % : jeux de société, portrait,
cartes, dés); le reste pour la danse surtout et les sports.

La question 11 est intéressante au point de vue individuel; quelques-unes ne visent que leur agrément personnel, les autres renonceront au mariage par altruisme
(aider les vieux parents, soigner leur mère, etc.). En
général, l'adolescente rêve « mariage » et cela dans de
fortes proportions; une enquête de 200 sujets dans des
classes parallèles (au Locle, à Neuchâtel et la Chaux-de-
Fonds) le prouve :

L'adolescente de IIme année 50 % mariage, 35 % célibat, 15 % indécises.
La fillette de Ire année . . . 85 %   »   15 %   »   0   »
Enquête des 200 sujets . . . 70 %   »   25 %   »   5 %   »

Il est peut-être curieux de suivre dans la vie 300
anciennes élèves de notre Ecole secondaire [1] — adolescentes de 1890 à 1900 — aujourd'hui femmes de 25 à
35 ans :

41 % sont mariées, 45 % célibataires, 9 % mortes et
5 % inconnues. La simple comparaison est assez éloquente
pour engager les jeunes filles à chercher une carrière.

A la question 3, les réponses sont [2] :

	Enseignement. %	Art. %	Soins aux malades. %	Vêtement. %	Commerce. %	Sciences. %	Indécises. %
IIme année . . .	25	15	20	5	15	—	20
Ire » . . .	20	15	15	10	30	—	10
Enquête (50 s.).	31	12	13	9	24	4	7
Adultes (300 s.).	**46**	**3**	**2**	**12**	**13**	(10 % sans occupation.)	

---

[1] Avec des listes d'école primaire, le pour-cent de femmes mariées
serait plus élevé.
[2] Les chiffres gras indiquent les carrières actuelles des femmes célibataires sus-mentionnées.

Si nous envisageons la vie réelle — c'est-à-dire les carrières des femmes célibataires précitées — nous ramènerons les adolescentes à des visées moins ambitieuses et à des occupations plus rémunératrices. Des compositions françaises d'adolescentes (Ire année 1905) indiquaient : 37 % enseignement, 37 % art (dont 33 % la musique), 18 % commerce et industrie, 4% soins aux malades et 4 % littérature (authoresses). L'examen des tests, la détermination de la valeur psychologique de chaque individu constituent des bases plus solides pour l'orientation vers la vie pratique.

§ III. *Tests.* Etait-ce à leur insu ou par suggestion de confiance ? (ou que, croyant à ma supercherie d'une étude de vocabulaire, elles ne pensaient pas que je m'occuperais d'autre chose que de grammaire); mais les adolescentes livrèrent en foule des détails intimes, dans tous les tests, en chasse aux mots surtout et en associations. Ex. :

Retard—moi, ami—Lausanne, colère—moi, ronfler—maman, association—secret, têtu—Henriette, bouder—Louise, défaut—que j'ai, confiture—voler, voler—bonbons, lune—skis, fumer—skis, fumer—aimer, en cachette (3 fois), heure—rendez-vous, lundi—aventure, etc.
Moi = fille, 13 ans, aimer, jeu, travail, caractère, timoré, capricieuse, susceptible, colère, voler, fruit, avouer, punition, gourmande, avare.... etc.

Certaines de ces révélations spontanées tiennent de la confession, de la délation, d'où l'idée d'user de l'association des idées, comme subterfuge d'enquête judiciaire. La détermination du *diagnostic judiciaire* dont Wertheimer et Jung se disputent la paternité, est basée sur ce fait que « la vie du passé et du présent, avec toutes ses expériences et ses aspirations se reflète dans l'acti-

vité associative » et se réalise par la psychométrie. Sans
recourir aux subtiles analyses du genre Freud, Bleuler
et Jung, il est aisé de trouver dans les tests des échos
de la *vie émotive* de l'adolescente : « L'association est un
indice psychologique que nous n'avons qu'à déchiffrer
pour connaître l'homme tout entier », dit Bleuler [1].

a) Les *associations-couples* de 1911 marquent bien
l'expansion de la IIme année : les couples révélateurs
d'affectivité ont paru :

Chez la fillette de Ire année . . . 13 ans 1 $^{1}/_{2}$ mois : 30, associations 1910.
Chez l'adolescente de IIme année 13 » 8   » : 60,   »   »
  »   »   de Ire »   13 » 11 $^{1}/_{2}$ » : 56,   »   1911
Chez la jeune fille de IIme »   14 » 6   » : 152,   »   »

La Ire est peu féconde; après l'établissement de la
puberté, la IIme a si considérablement évolué qu'elle
livrait ses préoccupations émotives avec une persistance
curieuse. Des inducteurs bien quelconques amenèrent
chez la plupart des jeunes filles des induits de nature
sentimentale : preuve de ce que nous appelions p. 28,
l'aiguillage par idiosyncrasie d'intérêt. Un seul exemple
fait saillir le contraste des deux classes de « Stimmung »
si différente; l'inducteur « adorable » amena, selon le
développement :

1. Chez *la fillette*, Ire 1910 : enfant $^{2}/_{20}$, aimer $^{2}/_{20}$,
adorer $^{2}/_{20}$, beau $^{2}/_{20}$; Dieu, idole, saint, païen, bénir,
excellent, détester, regarder, doré $+$ trois blancs.

2. *L'adolescente* Ire 1911 : enfant, bébé $^{13}/_{20}$, Dieu $^{2}/_{20}$,
aimer, adorer, honneur, lecture $+$ 1 blanc.

3. *L'adolescente* IIme 1910 : aimer $^{2}/_{20}$, bon $^{2}/_{20}$, beauté
$^{3}/_{20}$, faux dieux $^{2}/_{20}$, Dieu, ange, enfant, charmant,
gentil, laid, objet, cheveux, adorer $+$ 2 blancs.

---

[1] Préface à C.-G. JUNG : *Diagnostische Associationstudien.*

4. *La jeune fille* IIme 1911 : enfant, aimer, ami $^3/_{20}$, amour $^3/_{20}$, amie, cher, virginité, jeu, charmant, chagrin, bon, pensée, beaucoup, analyser, beauté, objet, détestable, accords.

Voici d'autres exemples :

1. Chez *la fillette* Ire 1910 : rien.
2. *L'adolescente* Ire 1911 : sourire—à quelqu'un, papillon—rigolade, contradictoire—sentiments, raison—d'aimer, accord—intime, photographie—amie.
3. *L'adolescente* IIme 1910 : offrir—sourire, pensée—amour, rouge—amour, ami—fille, ami—douleur, 6—amies, souffrir—aimer, cœur—idole, inconstant—ami, gonfler—cœur, joli—garçon, rose—amitié, rose—amour, rose—symbole, perpétuel—douleur, cœur—amour, jeune fille—garçons $^4/_{20}$, jeune fille—convenances, etc.
4. *Jeune fille* IIme 1911 : cœur—analyse $^2/_{20}$, blessure—cœur, cœur—blessure, perpétuel—serment, ami = prix, trésor, vrai, tendresse, intime, infidèle, soirée, fille.... souffrir=cœur, beauté, en aimant; jamais=oublier, aimer; fini—amour ; jeune fille=illusion, aimer, amour, amourette; inconstant—ami, clef=cœur $^3/_{20}$, mystère, secret; valse=lui, ivresse, charme, séduction; jouer=marivaudage, aimer, vulgaire; moi—aimée, la plupart—flirt, indifférent—lui, pensée—vagabonder, zut—amour, etc., etc.

b) L'association en constellation a été féconde aussi en révélations :

1. *La fillette* de Ire année : *Journal* = papier, cachette, dissimulation, confidences, tendresse, chagrin, secret. *Affection* = tendresse, amour, baiser, s'aimer, se chérir, témoigner, pardonner, générosité, séparation, tristesse, retour, joie, année, bonheur, foyer, famille. *Garçon* = ami, compagnon, jeux, bal, cavalier, fiançailles, mariage, divorce.

2. *L'adolescente* de IIme année : *Récréation* = collège, enfant, plaisir.... ami, barrière, incident, punition.... *Rêver* = songe, horreur, hallucination, somnambule, printemps, nuit, rêvasser, penser, lune, éclair, enlacer, timidité, amour. *Affection* = aimer, embrasser, baiser, préférer, amour, touchant, ami, compagne. *Garçon* = moquerie, sentiment, passion, violent, pochette, parfum, aimer, beauté, fascination, Willy, André, casquette, politesse, galanterie, cœur, dépit, amour, affection, indifférence, cœur, bouillant, dureté, cruauté, pleurer, désespoir, abandon.

c) *La chasse aux mots* ne révèle en Ire que quelques mots relatifs à l'amitié, des deuils de famille, etc. La IIme par contre s'épanouit dans les termes affectifs à profusion. Ex. :

Belle, silence, lèvres, inquiet, écouter, heureux, confuse, propos, baiser, respect, refus, unique, temps, résumé, sincère, oser, troublé, rouge, lanterne.

Arriver, portail, réception, déception, courage, tressaillir, comprimer, résister, rougeur, séduire, œuvre, souffrir, supplice, aimer, amitié, jurer, serment, fille, savoir, espérer.

Savoir, faire, grille, pot, museau, jouissance, bonheur, accompli, cadeau, faveur, fête, 3 décembre, reçu, ruban, rouge, chocolat, carte de visite, saluer, remercier, rencontre, rougir, baiser, adieu, éternel, fidèle, repos, agiter, souvenir, boîte, précieuse, garder, épanouir, secret, apporter, attacher, amour, intense, ardent, cœur, gaieté, joie, saisie, photographie, brûler, reste, bougie, carboniser, amour, aimer.

Cachette, admirable, dire, besogne, charmante, sérénade, kiosque, train, causerie, amourette, ami, chéri, crayon, mèche, médaillon, blonde, bouche, fraîche, rose, etc., etc.

Voir encore p. 44. Il y a des mots parfois pour « donner le change ».....

d) Enfin, les *phrases à compléter* en disent long sur ce thème, non pas en Ire année où des clichés suggestifs (Sa barque voguait.... Une fleur séchée.... Rêver seul) n'amenèrent rien, preuve évidente que la tournure d'esprit n'était pas sentimentale. Je ne voudrais pas qu'on prît à la lettre toutes les citations de la IIme année; l'imagination, la rêverie ont ajouté à la réalité d'aventures bien innocentes; je ne les rapporte que comme indices des préoccupations intimes, non avouées chez plusieurs et qui sont un effet de l'âge, une conséquence de l'évolution physiologique de l'adolescence :

La barque voguait.... silencieusement sur le lac endormi; deux amoureux sont là, ils s'aiment, la lune claire, les rames clapotent dans l'eau bleue, le ciel est pur.

J'aime.... les fleurs des bois, le muguet surtout, car il me désigne une personne que j'aime plus que tout au monde. — Mon aiguille.... courait sur la toile en pensant à qui je destinais cet ouvrage. — La lune éclairait.... deux amoureux en promenade; je me disais qu'ils étaient bienheureux. — Rêver seule.... dans un lieu solitaire, tranquille au milieu des bois, à un avenir lointain, mais dont on se réjouit; car alors seulement la personne qu'on aime sera à vous pour toujours. Rêver avec tristesse à celui qu'on aime et qui ne vous aime peut-être pas : c'est ce que je fais dans mes moments de loisir, etc.

Voir encore p. 62.
Par la fréquence de répétition de certains mots, nous pouvons établir un tableau éloquent du *vocabulaire affectif* (p. 126) et de l'intérêt croissant (au cours de l'année) de l'adolescente pour certains sentiments dans les divers tests. La IIme année donne environ deux fois plus de termes affectifs que la Ire. Ce sont les mots *affection,*

tendresse, bonté, douceur qui dominent dans la classe inférieure, tandis qu'en IIme nous pouvons suivre la progression des termes *amitié, amour, adorer, cœur, souvenir,* etc.

XVI. VOCABULAIRE AFFECTIF.

	Associations-couples 1910		Associations en constellation		Phrases libres		Descriptions		Chasse aux mots		Phrases à compléter		Associations-couples 1911		TOTAUX DE L'ANNÉE	
	I	II	I	II	I	II	I	II	I	II	I	II	I	II	I	II
Amitié..	10	15	20	30	26	30	1	5	60	150	30	40	35	17	182	287
Amour..	3	5	3	25	—	—	2	10	9	33	11	16	12	36	40	125
Affection	8	—	8	0	3	1	3	1	4	11	4	5	4	1	23	28
Tendresse	0	1	10	3	1	—	2	5	4	4	8	2	8	8	39	23
Adorer..	1	—	1	3	—	—	—	—	1	20	—	3	5	6	8	32
Cœur ..	4	3	2	5	1	2	1	3	—	21	—	20	5	16	13	70
Souvenir	2	5	1	5	1	3	—	3	2	18	—	—	—	10	0	44
Ennui ..	3	5	2	5	2	10	1	6	3	22	—	10	0	16	20	74
Tristesse	12	13	8	18	1	2	3	20	—	30	1	2	16	20	41	105
Souffrir .	2	3	8	10	—	2	1	3	—	6	—	8	11	3	22	35
Bonté ..	0	2	6	3	2	1	3	—	3	2	—	—	—	9	20	17
Douceur.	2	1	10	5	2	1	3	2	3	2	2	—	—	4	25	14
															22 ½	43
															mots en moyenne	

Pour « classer » nos adolescentes, selon *l'affectivité,* il eût fallu des tests spéciaux; à défaut, nous établissons le rang particulier de nos sujets.

1. D'après le coefficient affectif des tests d'évocation libre; 14 % en Ire, 23 % en IIme.

2. D'après le nombre de mots abstraits de sentiment de la chasse aux mots; 6 par élève en Ire, 16 en IIme.

3. Par la fréquence des termes affectifs du tableau XVI; moyenne 15 par élève en Ire, 25 en IIme.

La IIme année est toujours bien supérieure.

En faisant le global d'affectivité, on remarque une certaine constance entre les trois classements, soit la corrélation 1,5 en Ire, 1,63 en IIme (méthode Binet). Le calcul des corrélations générales (chap. IX) met en évidence les rapports intimes entre le développement affectif et le développement intellectuel à l'adolescence. Les natures affectives priment les érudites tant au classement psychologique général qu'au rang intellectuel.

§ IV. *L'observation.* Au premier coup d'œil, pour une personne non informée, les deux classes semblaient animées d'un tout autre esprit. La Ire année était assidue au travail, paisible en classe, calme aux récréations et dans la rue, louable en tout point selon la discipline scolaire. La IIme année était réputée pour sa mauvaise tenue en classe, l'effort considérable à faire pour obtenir d'elle une attention soutenue, son désintéressement évident du travail; parmi les billets, beaucoup traitent des devoirs négligés, de la crainte des interrogations et des examens, de l'ennui des préparations. Le travail les importunait manifestement et pourtant, ces mêmes élèves avaient formé une excellente Ire année 1909-1910. Il régnait toujours quelque agitation dans la classe de IIme, aux récréations, une effervescence de ruche prête à essaimer; dans la rue c'étaient des colloques, des mystères, dans la famille, de l'avis des mères, une attitude cachottière : telle était l'antithèse de nos deux groupes de sujets. J'ai surpris, non pas deux fois, mais cinquante ! les adolescentes de IIme s'embrassant aux récréations, voire en pleine classe : les caresses, les enlacements, les étreintes, les baisers fous décèlent une expansion inouïe d'émotivité chez ces jeunes filles; j'ai même surpris l'une d'elle coupant une mèche de cheveux à son intime ! Cette hypersensibilité s'allie souvent à un égoïsme para-

doxal : on est peu complaisant chez soi et beaucoup avec
les étrangers, dur avec les domestiques, les petits frères
et sœurs, à moins que, seul avec bébé, on ne le couvre
de caresses dont on semble honteux. L'adolescente a
besoin de déverser ce « trop plein d'affectivité ». Cette
métamorphose, dont elle a conscience sans la comprendre, lui faire croire qu'elle est une exception, que quelque chose *d'anormal* se passe en elle; elle en souffre, elle
en est gênée en face des siens et cependant glorieuse
vis-à-vis des étrangers auxquels elle se livre : cela est
un fait indéniable de la crise pubertaire.

Chose curieuse, la *crise sentimentale* que nous constatons en IIme dès septembre, paraît ne s'épanouir
qu'un certain temps *après* la transformation physiologique. Elle constitue peut-être une espèce de détente
nerveuse de l'organisme, dont le désintérêt au travail
et la sensiblerie sont des conséquences aussi. Il faut tenir
compte également, ce semble, d'une espèce de mentalité collective du groupe, qui ne s'établit que peu à peu
et seulement d'une majorité d'individualités émotives :
c'est de cette « Stimmung » collective que dérivent la
personnalité, l'originalité, la physionomie propre de
notre IIme classe. Cette hypertrophie d'affectivité est
typique dans toutes les classes d'adolescentes, à des
degrés divers, que j'évoque mes souvenirs de professeur
ou d'élève et les confidences de maintes femmes rappe-
lant leur adolescence.

Les jeunes gens en classe font des caricatures, tandis
que les jeunes filles écrivent des *billets*. Selon Sante de
Sanctis, la jeune fille manifeste très peu de plaisir icono-
graphique et remplace le dessin par l'écriture. Elle
objective peu sa pensée sous forme spatiale (d'où peu de
diagrammes). C'est à l'adolescence que le goût de la

correspondance est le plus fort; ce fut une telle frénésie d'écriture, dans notre IIme année, de novembre à février, que la salle, après les cours, était jonchée de morceaux de papier dont j'ai glané une abondante moisson — « puzzles » suggestifs pour la psychologie. Une des épistolières estimait à 100 par jour l'élaboration de ces messages, souvent insignifiants, presque toujours révélateurs de cette *émotivité exagérée* dont je cherchais des preuves. Certains étaient chiffrés; je n'eus pas de peine à obtenir la clef de plusieurs langues dites « secrètes ou cabalistiques », avec les statuts, insignes, procès-verbaux des sociétés mystérieuses, telle l'Inconnu. Les chiffres, les lettres grecques, phéniciennes ou russes, les signes géométriques ou musicaux dominent dans ces alphabets; un seul signe sert parfois pour un mot tout entier, comme en chinois; j'ai rencontré encore le procédé qui consiste à renverser les mots. Ex. :

Am erehc eima = ma chère amie. Dans les tests même, il y a des allusions à cette correspondance. Ex. :

Chasse aux mots : interrogation, billet, attrapé, mauvaise note, bulletin, grondée, punition....
Association-couple : pincer—billet, pincer—lettre, pincer—journal, lettre—volée, etc.

Non contentes de causer et de griffonner des billets en classe, les adolescentes de IIme s'écrivaient même à domicile; elles m'ont communiqué de ces lettres, source inépuisable de renseignements; j'ai lu plus de 200 messages de IIme année, mais c'est à peine si j'ai eu 15 à 20 billets insignifiants de Ire, malgré toute la sagacité mise à l'épier : l'état d'esprit est resté tout autre.

Plusieurs élèves écrivaient leur *journal;* le hasard (et

aussi la confiance) m'en a livré quelques-uns : il y a contraste entre celui de la fillette de Ire, simple recueil anecdotique des menus faits de l'école ou des promenades, impersonnel, monocorde et celui de la jeune fille de IIme année qui s'analyse, communique au papier ses enthousiasmes ou son pessimisme, note ses rêveries, son idéal, fait en un mot de *l'introspection*.

Quelques-unes ont mis leur débordement d'affectivité dans des *essais littéraires* en vers et prose : encore une caractéristique de l'intelligence verbale et de la phase d'expansion émotive.

Les *lectures* en disent long aussi sur l'état affectif de la IIme année et la mentalité individuelle de nos sujets. La Ire classe est encore aux livres d'enfants : roman moralisateur, robinsonnades, contes, récits de voyage ou romans à thèse, tandis que l'affective de IIme n'estime que le roman historique, le roman-feuilleton, le roman sentimental surtout (aventures de la classe noble où s'allie beaucoup de mystère : secrets, confessions, événements étranges, desquels l'amour triomphe toujours).

Enfin, les *jeux* eux-mêmes prouvent les préoccupations affectives de la IIme année ; tandis que la fillette de Ire est toute aux jeux en plein air, l'adolescente préfère les jeux de société où il est question de mariage, de prédictions d'avenir, trouvant moyen de s'y adonner même en classe. Voici l'exemple le plus typique, relation écrite d'une élève de IIme année (13 ans 8 mois) :

« Mon jeu favori est celui du *couvent;* nous ne le jouons toujours qu'entre amies intimes, vu qu'il est de notre invention. Nous supposons habiter un ancien couvent ou un vieux château que nous appelons « l'Antique manoir ». Une est maîtresse de pension — une vieille demoiselle très originale et ne comprenant pas les jeunes filles. Les autres sont de jeunes nobles en pension chez elle; elles se nomment de Gaël, des Ormes, de Elbermann, de Goldau, de Lagoël, etc. — Nous avons toujours à notre disposition une chambre ou deux, à nous absolument; alors nous assemblons les meubles de façon que chacun ait sa chambre; puis il y a une salle d'étude (une table et un piano) un salon, avec une place dans le fond pour des représentations, puis un cabinet particulier pour la directrice où bien souvent nous subissons de sévères remontrances. Nous nous imaginons tout à fait la vie de pensionnaires au couvent. La maîtresse de pension, très sévère, très méfiante, fait une ronde à 10 heures et une à minuit. Après la seconde tournée, les jeunes filles se lèvent sans bruit et se rendent dans les jardins où elles ont des rendez-vous avec les jeunes seigneurs des châteaux voisins ou même dans les salles du manoir. Selon une malencontreuse idée, une nuit d'insomnie, la directrice s'avise de faire une troisième tournée : scandale, punitions, cabinet de la supérieure ! Quelquefois aussi la directrice donne de grands bals. — Voilà notre jeu du couvent; il est peut-être un peu osé; mais tant pis, car *personne ne le sait que vous et nous.* ◗

Tous ces modes d'enquête — interrogatoires, tests, observation, correspondance, essais littéraires, etc. — m'ont fourni une ample moisson de documents relatifs à l'affectivité de l'adolescente : les caractères les plus saillants paraissent en IIme année; toutefois nous continuerons à faire le parallèle des deux classes. Par suite de l'hypertrophie émotive de l'adolescence, certains sentiments prennent une importance tout à fait anormale, d'où le ridicule, conscient ou non, de cet ◖ âge ingrat ◗; d'autres sentiments ne subissent aucune exagération.

§ V. *Sentiments exagérés.* L'extraordinaire épanouissement affectif de l'adolescence s'accuse essentiellement
par une sentimentalité un peu ridicule et l'hypertrophie
de l'amitié, avec ses variantes, la « Schwärmerei » et le
« flirt ».

1. *Sentimentalité.* Les clichés fades abondent en IIme
année dans les compositions et les phrases à compléter
surtout. Ex. :

J'admire les couchers de soleil et les chants des
oiseaux, à l'aurore, me font rêver délicieusement. —
C'était une toute vieille fleur; elle était rangée dans un
coffret, au milieu d'autres souvenirs; mais voilà que je
n'ai plus retrouvé que de la poussière, au lieu de la belle
fleur si tendre et si fidèle. — C'était une toute vieille
maison, presque une ruine sur le rebord de la forêt; mais
elle était sympathique, cette vieille maison, avec son air
pauvre et résigné : c'était comme une épave des temps
anciens ! — Ce n'est qu'une étoile qui file, cette amitié
jeune et fraîche : le temps passe vite, seulement trop
rapide. — Tu t'ennuies, chérie, moi aussi; je suis triste,
j'ai des chagrins, oh! des chagrins; si tu savais, comme
tu me consolerais ! Je pleure au dedans de moi ! etc.

Nous chercherions vainement cette note en Ire année,
sauf quelques ébauches :

Je préfère les livres gais, parce que les tristes font
rêver et donnent de drôles d'idées; on pense toujours
à ce qu'on a lu, l'idée ne s'envole pas !

Le cliché suivant prouve bien que la fillette de Ire
année n'y est pas :

Parfums des vieilles fleurs et des jeunes années, voilà
mes souvenirs.

La IIme année multiplie les *citations* dans sa correspondance, goûte les maximes de calendrier. Ex. :

De l'amour craignons les dons trompeurs,
C'est un serpent caché sous les fleurs.

Enfin, elle écrit des *vers*. Ex. :

INQUIÉTUDES

Lorsque se sont répandues les ténèbres
Et que tous mes êtres chéris reposent
Je pense à mille questions qui se posent
En mon âme à pressentiments funèbres.

Je pense à tout et je ne pense à rien;
Et cependant, je m'inquiète et j'ai peur.
Serait-ce donc d'avoir fait un malheur
Où serait-ce d'avoir fait quelque bien ?

Par moment, je ne vis plus, l'âme part,
Au-dessus du firmament, se console,
Retourne et me rapporte une parole
Que je ne savais pas à son départ.

On a tort, quand on dit que la jeunesse
Vit sans nulle inquiétude en ce monde.
Souvent nous vient une impression profonde
Qui s'enfuit sous une tendre caresse.

Adolescente de 14 ans 5 mois.

TROP TARD

Ah! Il est trop tard pour aimer encore,
Il est bien trop tard, on ne t'aime plus.
L'amour s'est enfui, les baisers sont morts.
Ah! Il est trop tard, l'amour s'est perdu.

C'est trop tard, trop tard, pour pleurer toujours.
Les larmes n'effacent pas la douleur.
Aimer n'est qu'un mot, pleurer n'est qu'un jour.
C'est trop tard, croyons encore au bonheur !

C'est trop tard, inutile de souffrir.
Et si une fois l'amour nous trahit,
Pourquoi pleurer et désirer mourir,
Quand on peut simplement changer d'amis ?

Pourquoi ? Il est trop tard pour oublier,
Trop tard pour songer encore au bonheur,
Trop tard quand on souffre à force d'aimer,
Et que la tristesse envahit le cœur !

Adolescente de 13 ans 6 mois.

Le *parapsychisme* est typique de la sentimentalité de l'adolescence. J'emprunte ce terme à M. A. Lemaître [1] qui désigne ainsi une certaine rêverie temporaire, sorte de manie à l'obsession, due à la crise physiologique de la puberté ou signe précurseur parfois de tuberculose ou de psychose. Sans y voir une forme, si bénigne soit-elle, de la psychasthénie, nous savons que cet état d'esprit, prolongé, constitue un réel danger pour la personnalité. Le parapsychisme présente divers stades : c'est la griserie de l'imagination qui va des simples projets chimériques, des « châteaux en Espagne » ou de l'incarnation d'un héros de lecture, à l'oubli du lieu où l'on se trouve et même à la dissociation de la personnalité. Nous le rencontrons dans les deux classes, mais moins fréquent et moins profond en Ire; tandis que l'adolescente de IIme se grise d'amour d'imagination, celle de Ire associe sa famille à ses plans d'avenir et rêve surtout de changements de fortune. Ex. :

Ire *année :* Que de fois mes pensées se portent bien loin, surtout quand je suis seule et que tout est calme;

---

[1] *La vie mentale de l'adolescent,* chap. IX.

je réfléchis à ma vie d'école, à mon avenir, à celui de mes parents, à ce que je pourrais être et souhaiter dans ma vie.... (Composition « Moi ».) — J'aime bien la rêverie; tout en regardant dehors, je pense aux livres que j'ai lus, surtout aux tristes, aux personnages qui auraient pu éviter un malheur. — Je ne pourrais souvent pas répéter un seul mot de ce qu'on a dit en classe; quelquefois, on voudrait faire effort, mais nos pensées ne nous suivent pas toujours.

IIᵐᵉ année : Rêver seul dans sa chambre, penser aux êtres que l'on aime, que l'on chérit, s'abandonner dans des rêveries sans nombre : voilà sans doute un beau moment de notre vie. Qu'il fait beau laisser vagabonder sa pensée ! Je songe aux personnes que j'aime, je me figure qu'elles sont là avec moi, quelles paroles nous échangeons; je songe toujours, lorsque je rêve en classe, à certain jour, le plus beau de ma vie. — Quelquefois, à l'école, je sors, je ne sais comment, du sujet expliqué et m'envole dans le pays du rêve; je suis alors si bien absorbée dans de délicieuses chimères que je perds complètement la notion de la réalité; je suis clouée sur mon banc et quand je m'éveille, je suis ébahie de me retrouver entre quatre murs. — Parfois je pense et quand la voix du maître efface ma rêverie, je me sens lourde et tout tourne autour de moi; j'ai remarqué que je m'oublie beaucoup plus souvent en IIᵐᵉ année qu'en Iʳᵉ, que je m'endors plus longtemps. — J'aime bien mieux rêvasser que de faire des vers, ébaucher dans ma tête de jolis contes, sans queue ni tête, ou inventer une légende en regardant les montagnes à la lueur des étoiles. C'est bien plus joli parce que c'est plus vague et que ça laisse une impression de repos, de rafraîchissement.

La rêverie avec somnolence accompagne plutôt le nervosisme ou une mauvaise santé, mais paraît aussi sans prédisposition. C'est en classe, au lit soir et matin, dans les bois aux vacances, pendant la digestion des repas, aux périodes de veilles des fêtes ou des examens, parfois aux conférences, en chemin de fer, en promenade, que, de l'avis général, l'adolescente édifie ses châteaux en Espagne. C'est là une mauvaise habitude contre laquelle on doit réagir pratiquement; il ne serait peut-être pas impossible de faire comprendre à cet âge les effets néfastes du poison qu'est la griserie d'imagination.

Les *rêves* proprement dits intéressent fort nos adolescentes. Sans aller aussi loin que certains psychologues allemands [1] qui voient dans les rêves une manifestation de l'instinct sexuel — interprétation admissible à cet âge de formation où certains malaises physiologiques orientent l'esprit vers les questions sexuelles — nous devons relever cependant l'immense importance qu'ils ont pour la IIme année. Ex. :

Ire année : Rêve, nuit, sommeil, dormir, rêver, rose, jouissance, lumière, brillant, cauchemar, horrible, vilain, tomber, précipice, fantôme, revenant, cris, larmes, réveil, soulagement, joyeux, insomnie (ce seul exemple, en Evocation).

IIme année : Rêver, dormir, béatitude, chose, beauté, agréable, amour, champ, bonheur, joie, réveil, réalité, tristesse, enchanteur, complaire, toujours. — Songe épouvantable, horrible, hallucination, réveil, dormir, somnambule, printemps, nuit, fraîche, rêvasser, lune, enlacer, timidité, amour. — Rêve, présage, heureux, amour, chat, argent, livre, devoir, spleen, nostalgie, entier, docteur, air, envoler, breuvage, magie, philtre, vierge, légende, rêve, miraculeux, souffle, âme, nuit, sereine, lapins, folâtrer, forêt, se joignent....

---

[1] Sig. FREUD.

Lettres : Les rêves m'intéressent énormément et me font penser à une foule de choses. — Hélène et moi, nous pouvons des heures entières nous raconter nos rêves. — Je fais toujours de vilains rêves et j'ai peine à n'y attacher aucune importance.

Ces exemples sont antérieurs à une conférence publique sur l'interprétation psychologique des rêves [1], après laquelle les jeunes filles ont abondamment consulté les livres : « la clef des songes » ou autres moyens similaires d'interprétation de l'avenir.

Le *goût du mystérieux* révèle une imagination forte et de la sentimentalité; il se manifeste en IIme année seulement : le *secret* a tant de poésie qu'on se grise en le révélant à l'amie confidente. Le mot *mystère* revient abondamment dans les tests et les lettres; non seulement on aime les interprétations divinatoires des rêves, mais la chiromancie, la graphologie, le spiritisme, etc. Plusieurs écrivent *hasard, chance, sort, destin* avec majuscule. Ex. :

Phrase libre : J'aimerais connaître les sciences secrètes que les Hindous pratiquaient : l'occultisme, le mauvais sort, l'hypnotisme m'attirent irrésistiblement.

Phrase à compléter : Une maison déserte se trouvait au milieu d'un village de province. Les volets étaient clos; seule une fenêtre est ouverte, mais on ne voit que la nuit. Cette maison est *hantée :* on y voit, le soir, un fantôme d'enfant qui implore à genoux une ombre effrayante, sa mère, une faucille à la main, qui le frappe à coups redoublés.

Chasse aux mots : Dessin, caricature, corne, fantastique, moulin, aile, vent, chaîne, geôlier, souterrain, mystérieux, secret, ressort, tapisserie, cachette, vieillard,

---

[1] M. JOSEPH, de Genève.

sortir, serment, jurer, vie, promettre, papier, ville, chef, parler, prière, tombeau, conjurés, cabalistique, etc.

Lettres : Hier, comme c'était le dernier jour de l'année russe, Mme X m'a dit la bonne aventure avec les cartes : c'est effroyable ce que l'avenir me réserve encore de surprises désagréables. — Ma chère adorée, j'ai froid au cœur. Je me demande si P. m'aime encore : si la *prédiction* d'hier était vraie ! J'ai d'affreux *pressentiments !*

Journal : Je viens de finir un livre magnifique, *le Solitaire du rocher de la Vierge.* J'admire le héros, quel cœur ! Et ce qui me plaît surtout, c'est toutes ces choses *mystérieuses* qui remplissent le livre. Le lecteur (du moins moi) essaie de deviner à l'avance la partie du *secret;* on *tremble,* on se réjouit de *savoir....*

Parmi les choses mystérieuses qui intéressent certaines adolescentes, il y a les sujets relatifs à la *sexualité,* surtout pendant la période pubertaire :

Ire *année; associations-couples :* règles-maladies (2 fois) règle-souffrir.

IIme *année; associations-couples :* âge-critique (2 fois) retour—d'âge, souffrir—naître, moi—indisposée, etc. — *Chasse aux mots :* malade, indisposée, maux de ventre, accorder, permission, gymnastique, congé, douleurs, violentes. — *Lettre :* Je ne connais pas ce livre « Ce que toute jeune fille devrait savoir », mais j'espère le lire une fois.

A cette simple question, adressée individuellement à quelques-unes : « Vos camarades s'occupent-elles de la physiologie de la femme », presque toutes répondent affirmativement et, après avoir nommé les « enragées », avouent souvent avoir compulsé elles-mêmes le dic-

tionnaire. Je n'ai pu obtenir aucune liste des mots cher-
chés, même en insistant auprès d'un sujet, sur son
importance pour ma statistique du vocabulaire : « Ça
non, jamais, je ne le puis pas ! j'en serais trop honteuse. »
Et je n'ai pas poussé mes investigations plus loin, malgré l'intérêt de la question, de peur de blesser des natures délicates ou des mères trop scrupuleuses : c'est un
thème que l'on ne pourrait aborder, ce me semble, sans
être investi d'une fonction officielle [1]. Cette « rage de
savoir » ce qui, jusque-là, est resté fermé : le mystère
de la génération, la physiologie de l'amour, procède chez
l'adolescente par crises de quelques semaines, généralement; et cette courte phase de naturalisme exclut en
quelque sorte l'affectivité. On rencontre aussi chez la
jeune fille la pudeur exagérée, mystique, qui rougit en
mille circonstances et va jusqu'à cacher à la famille ses
besoins affectifs.

2. *L'amitié*, à l'adolescence, prend une importance
inouïe, une forme exagérée. L'élève de Ire année a *des
amies;* il survient parfois des fâcheries entre elles, mais
aucune de ces amies nombreuses ne prime les autres;
c'est la Table ronde d'Arthur, parce que la fillette n'a
pas d'élan d'amitié vraie. L'adolescente de IIme année
a des relations de politesse, des camarades, elle est
d'une société fermée, mais elle n'a qu'*une amie,* par une
certaine coquetterie, mais surtout par égoïsme de jouissance propre. L'amitié de l'adolescente est *exclusive* et
amoureuse; elle a besoin de mystère. Il faut à cet âge
l'écriture chiffrée, les signes d'intelligence, une expansion toute particulière dans l'intimité : voyez ces deux
inséparables, serrées l'une contre l'autre et enlacées pen-

---

[1] L'enseignement sexuel sera-t-il bientôt introduit dans nos écoles ?

dant toute la leçon; regardez-les s'embrasser avec effusion; tout le corps tressaille, elles sont électrisées, émues. Longs baisers, étreintes folles, goût de la caresse physique, fétichisme des petits cadeaux, objets volés, etc. : voilà les signes de l'amitié amoureuse. Les exemples sont empruntés à des tests, interrogatoires, compositions et surtout à la correspondance effrénée de IIᵐᵉ année.

Iʳᵉ année : Je trouve que les jeunes filles sont quinteuses dans leurs amitiés. — L'amitié des jeunes filles n'est pas toujours bien sérieuse; mais il fait beau avoir *beaucoup d'amies.* — Je ne sais quel mot t'écrire pour t'exprimer combien je t'aime; ne montre pas cette lettre, je crains la *jalousie.* — Tu n'es qu'un vieux monstre ! J'espère pourtant recevoir une lettre de toi car tu me délaisses, comme un vilain chien crevé. Nous ne voulons pas, je suppose, nous quereller pour cela; mais si toutefois tu désires faire un duel, tu sauras que je suis forte. Je crois que je n'ai rien de spécial à te dire, il ne me reste plus qu'à t'embrasser.

IIᵐᵉ année : Il me semble que sans l'amitié d'une amie véritable, la vie ne serait plus la même, pour ma part, je ne saurais m'en passer. — L'amitié des jeunes filles est un grand bien. Sans amie à qui dirions-nous ce que nous pensons, nos secrets particuliers surtout ? — Il me semble que je n'ai jamais tant aimé une amie qu'en IIᵐᵉ année ! — A ma fée bien-aimée, ma chère chérie (sur l'enveloppe). Ma jolie fée. Oh ! dis-moi que tu m'aimes encore, dis-moi que je suis toujours pour toi l'amie dévouée. Je suis triste, je t'aime tant, ô ma L.... et je ne puis te parler, te formuler assez mon affection; il n'y a pas de parole pour décrire mon amour. *Idolâtrer,* c'est peu dire, en comparaison de ce que j'éprouve; il me semble parfois que mon cœur va éclater. Etre aimée de toi, c'est trop beau, je n'y puis croire. *O ma mignonne,* dis-moi, m'aimeras-tu encore longtemps ? Il me semble que c'est un rêve d'une minute, que ton amour ne durera pas. Je t'aime, oh ! je t'aime, ma chère chérie, ma L.... adorée. De ma vie, je n'ai encore jamais aimé quelqu'un autant que toi. Je ne pense qu'à toi, je ne rêve qu'à toi, je n'appartiens qu'à toi. Ma toute jolie fée, mon cœur, quel ennui de ne pouvoir aller jusqu'à toi. Enfin, j'y serai par la pensée. Je t'embrasse mille fois. Ta M....

Mon H...., c'est bel et bien mon tour de pouvoir te dire : ma chérie, ma bien-aimée, je t'adore, je t'aime, je t'idolâtre. Si tu pouvais lire dans mon cœur, tu y verrais des choses et des choses ! Heureusement que j'ai ton cœur ! Comme le monde change! je n'aurais jamais cru que *tu m'aimerais* un jour; il me semble encore rêver. Alors, je lis tes adorables lettres et je vois que je ne me trompe pas. C'est que tu n'es pas une amie indifférente, mais une *perfection* dans toutes les règles du monde, oui, Mademoiselle, je dis la pure vérité. Tu es *douce, aimable, gracieuse* et surtout *affolante.* Que j'aime mon H ! Que tu es belle, ma choulette, mon Dieu ! je t'étouffe à moitié, car comment pourrais-je te faire voir vraiment *comme je t'aime ?* (C'est trop difficile, pourquoi chercher ? c'est impossible.) Il faut que je réponde à cette bécasse de B. pour son espèce de lettre, que c'est bête. Adieu, ma chérie, je *t'aime.* Tu le sais depuis longtemps, pourquoi te le répéter sans cesse. Je t'embrasse 1,000,000 de fois, ta R. — Ma chérie, je deviens folle de joie, tant je *t'aime.* Tu connais mes pensées; disons-nous tout. Je t'aime, non seulement un petit peu, mais beaucoup, beaucoup : je *t'adore* en un mot. Nous serons toujours amies, le veux-tu ? Que ce nom m'est doux, être *ton amie,* ton amie véritable ! Non, c'est impossible ! Si tu me dis oui, mon cœur bondira de joie, des chants d'allégresse s'élèveront vers *toi* ! Heureuse, je suis, si tu me dis : « je t'aime ». Adieu, ma chère chérie, reçois, en attendant un petit mot de toi, un déluge de baisers. Ton amie sincère O....

A mon ange blond, ma chérie que j'aime. Dis, pourquoi, oh ! pourquoi crois-tu, oses-tu croire,. que je ne t'aime plus ? Dis, chérie, pourquoi ? Ne suis-je pas assez expansive ? ne vois-tu pas *l'amour profond*, oh ! mais si profond par lequel je t'adore, je t'idolâtre, je t'.... (plus de mots pour exprimer mon amour, tout le vocabulaire français ne l'a pas), car c'est un mot que je ne connais pas moi-même, mais que je ressens, ah ! oui alors ! Aimer E. plus que toi ? Es-tu folle ? non, ma chère blondinette, tu ne l'es pas ; mais comment peux-tu croire cela ? Alors, tu n'es qu'une vilaine méchante *chérie*, croire que j'aime quelqu'un mieux que toi ! ! pouf ! bêtise, va ! Je les déteste toutes et tous à côté de toi. Maintenant le tout est de savoir si tu m'aimes. Je le crois, hein ? du moins un peu ; beaucoup ? Je le saurai quand tu auras fait pour moi ce que je désire depuis si longtemps, une éternité. Que tu es bonne, mon N.... *chérie, adorée, bien-aimée que j'aime !* Mon Dieu, maman m'appelle. Adieu, cœur d'or, chérie que j'aime et que j'adore. Ta V.... etc., etc.

Il serait oiseux de multiplier ces citations. Chacun connaît cette amitié exagérée de l'adolescente et il n'est pas de femme sincère qui ne reconnaisse avoir passé par cette effervescence affective et ne nous fournisse quelque spécimen plus enflammé encore.

3. *Schwärmerei.* Toutes les personnes en contact direct avec les jeunes gens connaissent cette espèce d'admiration affectueuse qu'ils accordent à qui leur veut du bien, les traite en égaux et non en inférieurs. C'est la « Schwärmerei » des pensionnats allemands ; mais la chose est de toutes les latitudes, bien que le français n'ait pas pour cela de mot propre ; nous adoptons le terme germanique, faute de mieux. A l'adolescence, ce sentiment admiratif pour une grande personne est allié de beaucoup d'affec-

tion idéalisée et d'une certaine amitié amoureuse qui révèle toute l'intensité de vie intérieure de « l'âge ingrat ». Des attitudes le prouvent : c'est l'œil vif (si l'on parvient à le voir), la figure plus pâle ou plus colorée (les deux sont signes émotifs), un certain tremblement de la voix, de la réserve ou de la gêne, si le hasard met en présence de « l'objet aimé » (comme dirait Töpffer); je dis le hasard, mais, c'est souvent voulu, cherché et — cela tient aussi de cet état affectif — le plaisir de l'attente est parfois plus fort que celui de la rencontre, car l'adolescente se bâtit en imagination toutes sortes de fictions : entretiens, vie commune, projets qui ne seront jamais de la réalité et dont elle jouit grandement cependant. Les membres du corps enseignant, les pasteurs, les professeurs de musique, les infirmières, voire les médecins en diront long sur ce thème.

La Schwärmerei paraît en Ire; c'est toutefois en IIme année qu'elle est le plus intense. Ex. :

Ire année : Chasse aux mots : rêver, professeur, joyeuse, rencontre, délicieuse, délirante. — Interview : L'amitié pour une personne plus âgée est très fréquente et je la trouve bonne; mais envers une grande personne, l'amitié est plutôt du respect, car il y a toujours un petit sentiment de gêne; on ne se montre pas aussi ouverte, en général, devant elle que devant une camarade. — Lettres : Pense que j'ai rêvé à Mlle X, que j'ai rêvé qu'elle était ma marraine, oui cette charmante personne, ma marraine ! Tu penses ce que ce serait chic ! Je n'en reviens pas et il faut que je prenne un autre sujet, car je commence à croire que c'est la réalité. Ensuite, j'ai rêvé qu'elle était venue au cours de danse et avait beaucoup dansé, surtout avec moi. Pense, elle m'avait embrassée pendant le souper et encore quand je suis allée à la maison. Pense, si cela était vrai, ce que je

serais contente ! *Journal :* Avons eu plusieurs leçons
avec X; elles passent toujours trop vite. Si cette charmante personne savait le désir que j'ai qu'elle m'aime
un peu, si elle savait comme mon amour est grand, je
suis sûre qu'elle m'aimerait.

II*me* *année. Chasse aux mots :* Dictionnaire, aimer,
adorer, professeur, exquise, délices. — *Phrase libre :* Je
pense souvent à une demoiselle que j'adore : c'est mon
plus grand plaisir de rêverie. *Interview :* L'amitié pour
une personne plus âgée est bien différente d'une autre
amitié, sans être pour cela moins forte; on peut aimer
une grande personne autant qu'une amie, mais avec
une nuance de respect; peu à peu, on se laisse aller à se
raconter. — *Lettres :* J'aime énormément Mlle Z. Je te
le dis, je l'aime tellement que tu ne peux l'aimer comme
moi, c'est impossible, c'est bien toi qui te trompes. Tu
ne peux l'aimer comme moi, non, non, non ! — Ma
chérie, je suis dans ma chambre à t'écrire, il est 9 heures.
La nature est belle, les étoiles brillent aux cieux. Tu
sais, ce soir, je suis poétique, j'ai « l'éloquence au cœur »,
comme dit M. N. Nous étions hier à la rencontre de
notre tendre et aimée Mlle B. Je l'adore, j'en suis folle.
Est-ce que tu lui envoies une lettre ou une carte au
nouvel an ? Fais attention qu'on n'attrape pas ce billet
et réponds-moi après-midi. J'ai la lune en face de moi;
comme elle a l'air triste, cette pauvre rondelette ! Que
lui dire pour la consoler ? « Lune, va dire mon amour »
ma grande amie B, envoie tes rayons caresser sa joue. à
Je te souhaite pour 1911 beaucoup de bonheur. Un gros
bec, N.... — Je suis au lit, enrhumée, je ne puis que penser à Mlle X. Je n'ai jamais aimé une maîtresse à ce
point. A sa vue, on ne peut résister; elle me paraît d'une
beauté sans nom ! Déjà en Ire année, je l'aimais beaucoup; mais maintenant c'est du vrai amour. Je crois
que je suis plus passionnée que toi. Il me semble que je
l'embrasse ; je m'évanouis à moitié et me réjouis de rentrer à l'école pour la revoir. Nous n'avons pas de « bon
ami », mais nous avons une « bonne et chère amie », ce

qui est mieux. — *Journal:* J'ai de l'amour pour une jeune fille de mon âge et pour une grande personne; mais cet amour n'est pas naturel : il est vif, difficile à cacher et jaloux. *Lettres à moi adressées :* (après une visite faite à la mère) : Très chère Mademoiselle, je ne peux vous exprimer en paroles le plaisir inoubliable que j'ai éprouvé hier. Si j'ai été passablement muette, c'est que je jouissais du grand bonheur d'être avec vous. J'étais toute à la joie de l'heure présente, aussi j'en oubliais de causer. Mais ne croyez pas, pour cela, que je n'ai pas eu un plaisir immense. Je voudrais, bien au contraire, que tous les jours fussent comme celui-là. Recevez, Mademoiselle, je vous prie, mes affectueuses salutations et, si vous le permettez, un baiser de votre élève P.... — Je suis, chère Mademoiselle, vis-à-vis de vous, dans un état indescriptible; je vais essayer de vous en donner une idée, et vous en jugerez avec votre bienveillance accoutumée. Lorsque je ne vous vois pas, je donnerais tout au monde pour vous rencontrer, je pense à vous à chaque instant. Si je vous aperçois, j'ai les yeux pleins de larmes, le désir de me cacher; je suis si petite, si ignorante auprès de vous. Quand vous me causez, je suis embarrassée, émue, il me semble entendre la douce voix d'une fée et un bourdonnement de choses aimables, impossibles à traduire; j'épie vos moindres gestes; je ne suis plus à la conversation et je marmotte quelque bêtise : vous avouerez bien, chère Mademoiselle, que c'est embrouillé. J'y vois une chose bien nette, c'est que je vous aime du plus profond de mon âme.

D'une élève, en pension, un an après les tests :

Quand je pense, Mademoiselle, à tous les beaux moments que m'a fait passer l'ardente flamme que j'avais pour vous, je voudrais retourner en arrière quelque temps. Je ris un peu, maintenant, quand je pense à cette grande Schwärmerei que j'avais pour vous.... C'était *l'adolescence,* comme vous me l'avez toujours dit et je me trouve parfois un peu stupide de ces exagérations-là. Quoique mon admiration soit plus réservée aujourd'hui, il m'est resté quelque chose de ce grand enthousiasme....

La Schwärmerei, tout comme l'amitié amoureuse, convient mieux à l'altruisme des adolescentes d'éducation fine; dans les milieux où l'on tolère le flirt vulgaire, avec l'échange de billets doux, elle est moins saillante. Peut-être, y a-t-il chez les « schwärmeuses » une sorte de pudeur aussi, l'instinct de se réserver, l'intuition vague qu'elles se doivent à d'autres qu'aux gamins de leurs jeux. Du reste, les mères sont trop intéressées à l'épanouissement affectif de leurs filles pour se blesser de cette préférence momentanée; écoutez-les :

« J'ai eu comme ma fille une de ces admirations exquises pour une institutrice douce, intelligente, adorable et ça m'amuse que ma fille vibre de même. » — « Vous en savez plus que moi, Mademoiselle, sur les enthousiasmes de ces jeunes filles. Elles ont un goût particulier de la cachotterie qui, j'espère, ne cèle rien de mauvais. » — « Si vous étiez un monsieur, Mademoiselle, je serais inquiète de l'amitié amoureuse que vous a vouée ma fille; c'est tous les jours que vos actes, vos paroles sont commentés avec une admiration quasi religieuse. Je sais aussi que c'est, pour elle, un stimulant au travail. »

En effet, ce sentiment peut être un levier puissant en éducation. On sait l'admiration enthousiaste de Renan et de ses condisciples pour Dupanloup ! L'adolescente, dans l'exagération même de son admiration pour un maître peut — d'elle-même ou d'entente avec lui — réaliser un gros effort volontaire qui concourra à son perfectionnement intellectuel et moral. Le fait est trop connu de la vieille pédagogie pour que j'y insiste davantage; je crois toutefois qu'on n'en tire pas toujours tout le parti possible.

4. Le *flirt* intéresse l'adolescente, un peu en Ire et beaucoup en IIme, bien que tous les sujets n'en aient pas donné de preuve. Il faut distinguer, du reste, celles qui parlent d'amour par curiosité de celles qui le ressentent, font des confidences à leurs amies, en laissent même échapper dans les tests, de qui c'est l'unique thème de causerie. Parmi les billets en puzzles, les journals, on en trouve bien des exemples; elles se croient bien habiles les correspondantes qui appellent « frère » et « cousin », ou féminisent les prénoms de l'objet aimé, pour donner le change aux indiscrets (sans penser à mettre au féminin aussi les pronoms, adjectifs et participes qui s'y rapportent) — ou encore, donnent des noms de fleurs, genre masculin ou féminin, à leurs amis et amies : muguet, perce-neige, cardamine, azalée, etc. (souvent sans majuscule).

Ire année. Compositions sur l'amitié : L'amitié est une profonde affection que nous avons entre amis et amies; j'en ai souvent rencontré qui causaient et se tenaient par la main dans les bois. — Ma meilleure amitié a commencé il y a quelques mois, quand je faisais de petites commissions.
Billet anonyme : Chère petite amie, comment vont tes amours ?

IIme année. Phrases à compléter : Une fleur séchée, c'est une relique de valeur pour certaines personnes : un ami qui n'est plus, la leur avait donnée à une fête.... C'est un souvenir du passé et parfois une larme infortunée s'échappe de la pauvre délaissée....
Billets anonymes : Mon chou, m'aimes-tu ? Et *lui* ?

je l'adore si immensément; je pense toujours à lui. Tu n'as dit à personne, je l'espère, mon amour pour lui. Je vous aime, comme jamais personne n'a aimé. Si seulement cela durait toujours ! Mais il part au printemps, toi aussi peut-être. Et après, oui, après, l'oubli peut-être. Oh ! je n'ose pas y penser ! être séparé de ce qu'on aime ! y a-t-il quelque chose de plus douloureux ? Heureusement, il y a le souvenir et l'amour qui réconfortent dans les moments de tristesse. Je t'adore, baisers de ta.... — Ma chérie, je suis contente que tu ne sois plus fâchée. J'ai eu un pressentiment, je ne recevais plus de nouvelles d'Eglantine. Je l'adore, comme tu le sais. Peut-être que je ne lui ai pas assez souri tous ces jours; j'étais triste et malade. Ah ! s'il revenait ! Dis-lui qu'il m'écrive un petit billet avec « oui ». Réponds-moi vite encore dans cette leçon. Adieu. — Voilà combien de jours que je ne t'ai vu ? Mon cœur ne bat plus d'ennui, mon âme impatiente n'a de pensée que pour toi, cher adoré. Adieu, je t'embrasse, à bientôt j'espère. — Il ne faut pas dire que non. Je ne sais pas comment tu peux dire que M. n'est pas ton bon ami; il nous a dit qu'il voulait te demander. Ce n'est pas vrai que je vais avec T., je l'ai renvoyé. Etc., etc.

Le jeune chat qui poursuit une balle avec tant de jolies attitudes et de ruses apprend au jeu la souplesse des muscles et la finesse des combinaisons, indispensables dans la poursuite de la proie : la jeune fille qui rougit d'un salut de l'ami d'enfance, flirte avec lui ou ses camarades, s'ingénie à paraître belle ou meilleure, ne fait-elle pas son apprentissage de femme ? Elle s'exerce aux affections futures, souvent sans rien avouer, ni rien laisser paraître. Et tout n'est pas que succès : que de petits renoncements et de petits sacrifices n'a-t-elle pas à accomplir ! Et comptez-vous pour rien la discipline que lui coûte son secret à garder, parfois un flirt malheureux à ne pas laisser paraître, et cette effusion d'affection et de solidarité qui l'épanouit, s'étend à l'entourage et la sort déjà de son égocentrisme ? Loin d'encourager les amourettes de fillettes, je préfère les voir s'adonner à l'amitié, à la Schwärmerei; pourtant ce serait contraire à la psychologie de méconnaître cette influence dans l'évolution de l'adolescente et ce serait faux que de la considérer en tout point comme blâmable ! le *caractère* se modifie beaucoup sous cette impulsion affective.

Du reste les sentiments exagérés ne sont pas le propre des jeunes filles seulement. Voyez les adolescents de Stanley Hall, de M. Lemaître, de M. Mendousse : tous connaissent la sentimentalité (avec le goût de la rêvasserie, les lectures romanesques et secrètes, les essais littéraires, un penchant à la mélancolie, les préoccupations sexuelles, etc.), l'amitié enthousiaste, la Schwärmerei, le flirt, en un mot une phase d'affectivité hypertrophiée.

§ VI. *Sentiments vrais.* Cette expansion d'affectivité ne constitue pas une aberration du sens moral. Bien que son besoin d'aimer la porte en dehors de la famille, l'adolescente fait preuve de sentiments normaux, comme toute créature bien équilibrée. Les tests n'ont pas visé ce côté régulier de sa physiologie ; cependant, il est loisible d'en glaner des preuves dans les compositions, la correspondance, etc.

1. *Famille.* A la question 4, page 119, présentée dans diverses écoles d'adolescentes, on trouve trois types de modèles : des célébrités (51), des maîtres (39) et la famille (33) : parmi les célébrités : Mme de Ségur, Mme de Pressensé, Jeanne d'Arc, la Reine Berthe, Davel, Pestalozzi, Winkelried, Colomb, Hugo, Lamartine, Beetho-

ven, Mozart, le Christ et les apôtres; les professeurs sont
en liste pour leur caractère, leur énergie, leur bonté.
Dans la famille, sur 33 cas — voilà où je voulais en
venir ! — c'est 30 fois la *mère* qui est citée, 2 fois le père
et une fois la grand'mère. Et c'est cela qui me touche :
aucune des célébrités du monde entier ne paraît plus de
3 ou 4 fois; c'est « maman », « ma chère maman » qui
l'emporte et de combien ! surtout en IIme année ($^7/_{20}$;
en Ire $^3/_{20}$) ; on les sent si vraies ces jeunes filles, si péné-
trées de leur sujet. Ex. :

J'aimerais tant à ressembler à ma mère, dit une
orpheline, il me semble qu'elle avait toutes les qualités !
— Quelquefois, je voudrais tout faire pour que maman
puisse se reposer; mais ce zèle ne dure pas.

Mentionnons quelques exemples de *défiance* vis-à-vis
de la famille, inspirée par le sentiment de ridicule de
cet âge ingrat. Ex. :

A mon grand regret, j'ai déchiré mon journal qui
m'amusait beaucoup ; maman l'a attrapé et m'a
demandé si j'étais une personne intéressante, au
point que j'analysais journellement mes sentiments,
mes faits et gestes. Elle m'a dit que c'était des chi-
noiseries, etc., etc. Ne croyez pas, Mademoiselle, que
je n'aime pas ma mère, au contraire; mais elle ne me
comprend pas et je ne peux pas lui dire tout ce que
je voudrais.
Voilà maman qui me demande si j'ai fini mes devoirs.
Je réponds « dans un instant »; je n'ose pas lui dire que
je t'écris; elle trouverait que je perds mon temps.

Rapports entre *frères* et *sœurs*. Ex. :

Mon frère Jules est à côté de moi. Pourvu qu'il ne
guigne pas ce que j'écris; je lui donnerais une bonne
giffle ! Mais non, il n'en a pas l'idée. C'est pourtant bien

commode les frères, pour deviner les rébus de la semaine
de Suzette. — J'ai bien des choses à te dire; ce sera
difficile, car j'ai à côté de moi une certaine Cécile qui
apprend sa géographie tout haut et qui, j'espère, ne
m'ennuiera pas. Je demande à tout moment : « Vas-tu
au lit ? » C'est invariablement « bientôt », le temps s'écoule
et elle est toujours là. Je comprends que tu voudrais
être à ma place pour avoir une sœur comme Louise;
mais tu sais, Cécile compense. Si maman voyait, elle
me dirait avec raison que je suis sotte. On me reproche
d'être énervée, et c'est Cécile qui m'énerve. Plains-moi,
ma chérie. Autant Louise est gentille, autant Cécile
est.... méchante; parfois pourtant elle a bon cœur. Sais-
tu ce que je voudrais ? Que Louise soit ma jumelle !
Alors, nous nous conviendrions tout à fait; elle appren-
drait ce que j'apprends, ce serait charmant.

L'affection de fille à père est paraphrasée dans cette
piécette, d'une adolescente de 14 ans 6 mois :

LE PÊCHEUR

Seul, il s'en va dans sa pauvre coquille
Pêcher des poissons, au loin dans la mer.
Il s'en va avec un regret amer,
Du triste logis où pleure sa fille.

Jeanne-Marie, une enfant blonde et belle,
Se met à prier, plusieurs fois le jour,
Pour son père, adoré avec amour.
Les jours passent sans aucune nouvelle.

Ce brave pêcheur n'a qu'une pensée :
Il gagne la vie de sa bien-aimée,
Dont il voit la maison sur la falaise....

Puis, quand cinq ou six semaines plus tard,
Tristesse et douceur fuient de toutes parts,
Père et fille s'embrassent à leur aise !

XVII. QUALITÉS ET DÉFAUTS.

PREMIÈRE ANNÉE				DEUXIÈME ANNÉE			
	Fois		Fois		Fois		Fois
Amabilité	14	Raillerie	10	Amabilité	20	Raillerie	5
Bonté	12	Orgueil	8	Bonté	8	Hypocrisie	6
Travail	7	Colère	7	Travail	5	Orgueil	5
Politesse	5	Bavardage	6	Politesse	2	Colère	1
Complaisance	4	Bouderie	1	Complaisance	5	Bavardage	5
Intelligence	2	Gourmandise.	1	Intelligence	8	Bouderie	4
Propreté	2	Curiosité	1	Véracité	2	Gourmandise.	1
Franchise	2	Bizarrerie	4	Modestie	2	Curiosité	5
Obéissance	2	Mensonge.	4	Discrétion	1	Hypocrisie	6
Sagesse	2	Etourderie	3	Reconnaiss.	1	Méchanceté.	4
Gaieté	2	Susceptibilité	3	Gaieté	3	Flatterie	2
Vivacité	1	Grossièreté	3	Grâce	1	Paresse	1
Mémoire	1	Injustice	3			Impolitesse.	1
Bonne écrit.	1	Désobéissance	1			Délation	6
Bonne orthog.	1	Négligence	1			Egoïsme.	5
		Délation	1				
		Inattention	1				
		Inapplication	1				
		Egoïsme	1				
		Mauv. écriture	1				
		Mauv. orthog.	1				

2. Les *camarades*. A la question 5 (p. 119), la Ire année
cite autant de fois qualités et défauts (60 chez 20 sujets);
la IIme 54 fois des qualités, 49, des défauts et sans
mêler aux questions morales la bonne ou mauvaise écriture, la faiblesse en orthographe, la propreté ou la qualité des préparations scolaires, etc. On trouve en IIme
une analyse moins superficielle et plus de cordialité;
l'amour-propre semble jouer un rôle plus grand en Ire,
bien que l'égoïsme soit souvent cité en IIme. La *solidarité* est bien la caractéristique de cet âge : une élève
punie en classe pour avoir été prise en flagrant délit de
jeu ou de griffonnage de billets, est érigée en martyre.
La délation (rapporteuses) semble aussi fréquente que

l'hypocrisie (menteuses, fausses). La *jalousie* n'est pas rare chez les adolescentes, quoiqu'elle ne figure pas dans les réponses spontanées. Sans parler des différences sociales, la rivalité des érudites et des affectives, se décochant des épithètes de « sainte nitouche » et de « poseuses », vaut une mention. La *défiance* n'est pas rare, d'où les formules : « il ne faut pas en parler devant elle », « surtout qu'elle ne le sache pas », « ne dis rien à.... » etc. La véracité de cet âge n'est pas absolue; par intérêt, on n'avoue pas toutes les fautes des dictées, quelques élèves cherchent à faire de la fraude en examen. L'action de « souffler », acte malhonnête aux yeux des maîtres, n'est pour les élèves qu'un acte de solidarité.

3. *Egoïsme et altruisme.* On a tant accusé l'adolescente d'égocentrisme, que cela valait une enquête. Les réponses à l'interview (questions 1 et 2), page 119, et la composition « Que ferais-je d'une grosse fortune ? » donnent les résultats suivants :

a. la fillette de Iʳᵉ 1010, 13 a. 1 ¹/₂ m. : 59 % d'égoïsme et 11 % d'altruisme.
b. l'adolesc. » IIᵐᵉ 1010, 13 a. 8 mois : 60   »   40   »
   »   »   Iʳᵉ 1911, 13 a. 11 ¹/₂ m.: 61   »   39   »
c. la jeune f. » IIᵐᵉ 1911, 14 a. 6 mois : 45   »   55   »

La Iʳᵉ année semble plus égoïste; la IIᵐᵉ a nettement évolué sous l'impulsion de l'émotivité intense, faisant son initiation à l'altruisme par l'amitié, la Schwärmerei, le flirt; l'adolescente égoïste est devenue la jeune fille altruiste et sera la femme apte au dévouement et sublime d'abnégation. Ex. :

Egoïsme : J'aimerais devenir riche, très riche, pour faire ce que je veux. J'aimerais alors étudier les langues et devenir célèbre, vivre dans une belle villa, sans soucis.

J'achèterais des choses utiles. — Je les mettrais à la Caisse d'Epargne. — Je ferais un voyage instructif. — Si j'avais une grosse fortune, je contenterais tous mes désirs et mes petits caprices et je placerais le reste dans une banque. — Je ferais construire une villa au bord du Léman et je consacrerais le reste à mes études, si possible jusqu'à l'université.... etc., etc.

La morale commune apprécierait certaines de ces réponses, notamment l'épargne.

Altruisme : J'aimerais devenir mère de famille, avoir un foyer intime; je trouve que c'est le plus beau rôle d'une femme que de faire son ménage et d'élever des enfants en mère dévouée. — J'aimerais diriger un orphelinat, parce que je me sens attirée par les enfants. — J'aimerais avoir une vie de dévouement : être sœur d'hôpital, soigner les enfants et les gens dans le besoin, c'est-à-dire, soulager un peu les misères d'autrui.

Je les emploierais pour une œuvre de charité. — Je donnerais fr. 20.— aux pauvres, fr. 30.— à l'Hôpital et le reste pour des cadeaux à mes parents, frères et sœurs.

Je crois que je serais généreuse, que je penserais beaucoup aux pauvres, aux sociétés de bienfaisance, aux orphelins surtout. — Je fonderais une université au Locle. — Je l'emploierais à payer les dettes que j'ai contractées envers mes parents, parce qu'ils ont tout fait pour me rendre heureuse. — Je la consacrerais à la mission et au bien des malheureux, aveugles, infirmes de tous genres, etc., etc.

L'égocentrisme, la manie de tout rapporter à soi, de se considérer comme un centre, un personnage, semble plus fréquent avant la crise émotive; il sourd tout particulièrement en évocation et dans le journal de quelques sujets, par la surabondance des « je » et « moi ».

4. *Le sentiment religieux* se régénère à l'adolescence, selon Stanley Hall. L'école laïque [1] ne se prête pas à une enquête de ce genre, aussi ai-je peu de documents. Faut-il attribuer à l'individu ou à l'influence de la famille des phrases de ce genre :

« Je souhaite une vie bonne, de gaieté et de travail. Je souhaite aussi une vie pieuse, marchant dans le droit chemin, aimant tout le monde, faisant le bien autour de moi, guérissant les malades, consolant les affligés, aidant mes parents pendant le reste de leur vie et les soulageant de leur peine, accomplissant la volonté divine. »

Je ne puis que *constater* que nos petites protestantes sont très occupées de l'existence des couvents, de la confession, du célibat des prêtres; que c'est surtout dans les minorités religieuses ou même chez les jeunes filles de milieu irréligieux que j'ai rencontré le plus d'allusions à la religion; je dois souligner, chez ces dernières, d'une part l'intense curiosité des choses religieuses (compositions, leçons d'histoire, etc.), d'autre part, le sentiment de honte de ces élèves qui rasent les murs et dissimulent leur fuite aux heures des leçons de religion — leurs parents ayant cru utile de les soustraire à cet enseignement et aux crises de doute ou d'illuminisme qui en résultent parfois. La crise d'affectivité me paraît se produire entre l'époque d'instruction religieuse de l'Eglise catholique et celle des Eglises protestantes, qui ne semblent nullement préoccupées de « capter » ce courant sentimental.

---

[1] L'école du canton de Neuchâtel est non confessionnelle; la loi laisse au clergé certaines heures et les locaux scolaires pour enseigner ses diverses doctrines, mais requiert du corps enseignant officiel une absolue neutralité en matière religieuse. La prière a été supprimée dans les écoles.

§ VII. *La crise physiologique et l'affectivité chez l'adolescente.* Pas plus que la puberté ne constitue une maladie physique ou la suggestibilité une maladie de la
volonté, cette hypertrophie de l'affectivité, à l'adolescence, ne peut être qualifiée de maladie des sentiments..
Cette intensité nouvelle de l'émotivité est une conséquence évidente de l'évolution physiologique de cet
âge, notamment de la maturation des organes génitaux et de leur action cérébrale : médecins, pédagogues et psychologues concordent sur ce point. Ex. :

« Il est incontestable que la base de toute cette psychologie spéciale réside dans la vie sexuelle de la femme.
Elle en souffre beaucoup plus que l'homme. Que l'on
considère seulement les influences puissantes qui sont
dirigées chaque mois vers son système nerveux central.
Pendant que des organes éminemment riches en nerfs
se gonflent, le centre reçoit des excitations nouvelles et
d'une puissance extraordinaire.... La vie affective de la
femme inspire autant de craintes que de louanges et est
beaucoup plus riche en nuances que celle de l'homme :
elle la possède héréditairement comme propriété sexuelle
secondaire. »   Dr C. Winkler [1].

« Alors l'âme se connaît; un sentiment de l'existence
plus fort, plus profond, plus intense, ouvre à la jeune
personne un monde inconnu. Vu à travers une sorte de
miroir magique, l'univers lui apparaît plus beau, plus
coloré, exerçant une séduction plus grande; le charme
et le danger de ce nouvel état d'âme, c'est la puissance
d'admirer et d'aimer qui s'y déploie presque avec excès [2]. »
                                   Mme Necker de Saussure.

---

[1] Cité par SCHUYTEN, *Education de la femme*, p. 157.
[2] *Education progressive*, Tome III, livre III.

« Dans une première phase, dit Marro, à l'éveil de l'activité génitale, survient le développement des organes de la génération; une excitation nouvelle parvient au système nerveux; elle est capable d'apporter quelques troubles à son fonctionnement. Vient ensuite l'accroissement accéléré de l'organisme; les rapports entre les centres nerveux sont plus intimes; des sensations nouvelles sont perçues par l'individu, des sentiments inconnus apparaissent. L'incertitude et le désordre accompagnent cette période pendant laquelle la réflexion n'a pas encore assez de force pour maîtriser le tumulte des impressions affectives. Enfin, arrive la phase de perfectionnement. L'organisme physique atteint son complet développement; les caractères sexuels secondaires se montrent; les facultés mentales achèvent leur évolution : l'on observe alors une maturité de réflexion, une fermeté de caractère, une affirmation de la personnalité qui marquent le passage de la transformation de l'enfance à l'âge adulte [1]. »

Ces trois stades de la transformation pubertaire, selon Marro, constituent à peu près les trois degrés de l'évolution ascendante de l'adolescente :

1. *La fillette* de Ire année, 13 ans à 13 ans 6 mois, fermée au domaine émotif.

2. *L'adolescente* de IIme année — encore fermée à la sentimentalité d'avril à août — donne ensuite dans les sentiments exagérés avec une frénésie un peu inquiétante de 14 ans à 14 ans 4 mois, pour se calmer peu à peu. Cette phase d'intense affectivité est un peu postérieure à la période de grande croissance et à l'établissement de la menstruation. Nous constatons à la même

---

[1] *La puberté chez l'homme et chez la femme.*

date environ, le passage de l'intelligence sensorielle à l'intelligence verbale.

3. *La jeune fille*, 14 ans 6 mois à 15 ans a de forts coefficients d'affectivité et de personnalité; toutefois, elle ne donne plus dans l'exagération sentimentale; ce n'est plus la petite backfisch de l'adolescence; néanmoins, c'est un être éminemment « vibrant » qui sera bientôt *femme* au sens élevé du mot.

La phase d'hypertrophie affective constituerait peut-être un danger, si elle n'était surveillée par les mères et les médecins. Il faut éviter avant tout le nervosisme qui pourrait se greffer alors sur une constitution anémiée.

§ VIII. *L'affectivité et le développement mental.* M. A. Lemaître a montré comment « l'affectif et le mental » sont intimement liés chez l'adolescent; en usant des mêmes méthodes, voire de l'hypnotisme, on trouverait aussi, chez l'adolescente, des cas de dissociation mentale. Sans pousser si loin l'investigation psychologique, notre étude de l'adolescente normale révèle une concordance évidente entre les élèves avancées en idéation et celles qui manifestent une émotivité intense. Le type affectif ne se rencontre chez aucun sujet que l'intelligence classe au-dessous de la normale. Bien mieux le calcul de la corrélation mathématique des rangs intellectuel et affectif est absolument probant : 0,6835, selon la méthode Pearson (E P = 0,06273). Nous n'irons pas jusqu'à dire que le développement mental soit la cause et l'épanouissement affectif, l'effet ou vice versa. L'évolution sentimentale (dont l'origine est probablement physiologique) s'allie si intimement avec ce qu'on a coutume d'appeler l'intellect qu'il en résulte une intense modification psychique.

Les observateurs qui n'ont considéré comme intelligence que l'acquisition des connaissances, ont remarqué chez l'adolescente une diminution d'intérêt — et de rendement scolaire — pour les matières inscrites au programme. Ils en ont conclu à un *arrêt* du développement mental, lors de la crise pubertaire : « La maturité qui s'établit de 14 à 15 ans amène chez la jeune fille, dit Vitale Vitali [1], une régression mentale ou un temps d'arrêt dans le développement psychique, duquel les programmes devraient tenir compte. » J'ai relevé le désintérêt des élèves de IIme année pour les matières enseignées, lors du débordement affectif, mais sans constater de régression : la courbe a continué son évolution ascendante ; l'intelligence, en se portant ailleurs, n'a pas cessé de se développer encore.

§ IX. *L'affectivité, base de culture morale.* Or, où l'intelligence de l'adolescente distraite des cours se porte-t-elle ? Evidemment vers les choses du domaine affectif : voilà pourquoi il me paraît de première importance de *capter ce « trop plein » émotif et de le canaliser en vue de la culture morale* de la jeune fille. Mgr Dupanloup est dans la note juste quand il réclame pour l'adolescente la diminution du surmenage intellectuel et une *orientation nouvelle « vers la lumière et la bonté des choses. »*

Ne pourrait-on, en effet, comme tant de psychologues le requièrent, décharger les programmes officiels puisque l'adolescente s'en désintéresse — et faire une large part à la *culture esthétique* et à la *culture des sentiments ?* L'expérience vaudrait d'être tentée, car le développement mental y gagnerait l'apport de l'élan affectif

---

[1] *Les Romagnoles.*

et de *l'intérêt*, ce facteur éminemment fécond en matière
d'éducation. En voulant corriger l'affectivité hypertrophiée de l'adolescence par un gavage de science, on va
à l'encontre du but éducatif; on agit comme l'industriel qui, à proximité d'une chute d'eau, fabriquerait de
l'électricité à grands frais de charbon. Nous devons utiliser cette impulsion naturelle, cet intérêt — ce qui n'implique pas une exagération de ce qui est, mais plutôt
une *direction* à donner, une voie à indiquer et à suivre.

Puisque nos anciennes méthodes de gavage intellectuel des jeunes filles n'ont pas empêché l'évolution naturelle vers l'affectivité et la personnalité, laissons un peu
de côté la science livresque — pour un temps du moins
— développons le *cœur* de l'adolescente, en suivant son
orientation spontanée vers le domaine émotif. Nous
aurons plus de succès en utilisant cet intérêt, ce courant
naturel, qu'en appliquant nos efforts pédagogiques à
contrecarrer l'évolution.

Du reste, l'enseignement officiel se préoccupe si peu
de la *culture affective*. Ex. :

« Rien de plus négligé d'ordinaire dans l'œuvre de
l'éducation que la sensibilité ! remarque M. Paul Gautier. Complètement abandonnée à elle-même, alors
qu'on n'a pas assez d'yeux pour l'instruction, personne
ne s'en soucie. Elle croît comme elle peut, droit ou de
travers, au hasard. Au lycée, à l'école, dans la famille,
on agit comme si elle n'était pas. Parents et maîtres
réservent leurs soins au savoir : ils ne font rien pour le
cœur. Cependant quelle faculté existe plus importante ?
Elle est la racine de toutes les autres, le principe de
toute vie. L'intelligence ni la volonté n'existeraient
sans elle, ainsi que l'a montré la philosophie toute
récente des Ribot, des Fouillé, des Bergson. L'idée qui

lui emprunte sa chaleur est dénuée de force; à plus
forte raison, n'existe-t-il pas de vouloir indépendam-
ment du désir. Tréfonds de l'individu, en ce qu'il a de
plus intime, expression de son tempérament et produit
de ses efforts, centre de réfraction en quelque sorte des
rayons que le monde lui envoie et qu'elle retourne, la
sensibilité est ce qui constitue, au vrai, l'originalité de
chacun [1]. »

_____

[1] _L'Education_, juin 1909.

CHAPITRE IX

SYNTHÈSE DU DÉVELOPPEMENT
DE L'ADOLESCENTE

Nous venons d'analyser les processus les plus saillants de nos sujets : avons-nous là réellement un portrait de l'adolescente ? — Oui, répondrons-nous après examen des corrélations des facultés entre elles.

§ I. La méthode de *corrélation* (découverte par les biologistes) est appliquée à la psychologie parfois; on cherche à établir les affinités entre les divers caractères mentaux, entre ceux-ci et les caractères anatomiques ou encore les complexus psychiques qui constituent la base du caractère, de l'individualité. Tandis que la méthode du groupe [1] ne tient compte que des forts et des faibles (éliminant les élèves moyens), la *méthode du rang* que j'ai adoptée tient compte de *tous les sujets* sans exception. Il s'agit donc de formuler *mathématiquement* le fait, signalé à la fin de nos chapitres par l'expression : les sujets avancés en intelligence occupent les premiers rangs d'affectivité ou de personnalité, les élèves derniers en attention, sont des faibles en intelligence, etc.

Le calcul des probabilités n'étant jamais précis pour de petits nombres, il m'a paru préférable de faire de mes deux classes un *groupe unique* d'adolescentes. Ainsi,

---

[1] E. IVANOFF : *Recherches expérimentales sur le dessin des écoliers.* (Arch. de Psych. 1909, p. 98-157).

pour établir les *corrélations* qui suivent, j'ai opéré sur des séries de 36 rangs [1] (17 sujets de Ire et 19 de IIme qui prirent part à toutes les expériences : moyenne d'âge, 13 ans 6 mois). Voici les formules que j'ai adoptées d'après l'ouvrage de M. W. Brown [2] :

a) *Formule Spearman* : $r = 1 - \dfrac{6\,S\,(d^2)}{N\,(N^2 - 1)} =$

r = (corrélation); $S\,(d^2)$ = somme des carrés des différences de rangs; N = nombre des sujets (36). Cette formule a été vivement — et justement — critiquée par Pearson en 1907 qui proposa la correction suivante :

b) *Formule Pearson* : $r = 2 \sin\left(\dfrac{\pi}{6}\,\rho\right)$

où ρ est la formule Spearman précédente.

En même temps qu'on calcule une corrélation, il y a toujours lieu de déterminer l'erreur probable (E P), due au petit nombre d'exemples qui ont servi à établir la corrélation :

c) *Formule Brown :* $E\,P = \dfrac{0,70643\,(1 - r^2)}{\sqrt{N}}.$

Cette erreur probable, ajoute expressément Brown, n'est pas calculable pour des séries inférieures à 30.

Dans ces formules, quand $r = 1$, la corrélation est parfaite; quand $r = 0$, c'est le hasard. Prenons un exemple, soit à calculer la corrélation entre le *rang intellectuel* (p. 79) et le *rang global d'affectivité :*

[1] Pour ce nouveau classement de mes sujets, j'ai établi pour chaque test une moyenne unique des barêmes de 1re année et de IIme année — et les tabelles des rangs particuliers et globaux par 36.

[2] *The Essential of mental measurement,* Cambridge 1011. C. SPEARMAN : *Measurement of Association between two Things* (American. Journ. of Psych. xv, 1904). PEARSON : *On Further Methods of Determining Correlation* (Dropen Company Research Memoirs. Biometric série IV, 1907).

Voici les 2 séries de rangs pour lesquelles nous établissons, selon la formule Spearman, les différences des rangs et les carrés des différences [1], soit :

Intelligence.	1	2	3	4	5	6	7	8	9	10	11	12	13	14	15	16	17	18	19
Affectivité..	4	2	3	7	9	5	16	10	6	33	1	27	21	25	11	24	14	13	19
Différences.	3	0	0	3	4	1	7	2	3	23	10	15	3	11	4	8	3	5	0
Carrés....	9	0	0	9	16	1	81	4	9	529	100	225	64	121	16	64	9	25	0

Intelligence.	20	21	22	23	24	25	26	27	28	29	30	31	32	33	34	35	36
Affectivité..	31	8	20	22	15	29	30	26	18	32	23	28	34	12	17	36	35
Différences.	11	13	2	1	9	4	4	1	10	3	7	3	2	21	17	1	1
Carrés....	121	169	4	1	81	16	16	1	100	9	49	9	4	441	289	1	1

$$S\,(d^2) = 2594;\ N\,(N^2-1) = 46620;\ r = 1 - \frac{2594 \times 6}{46620} = 0.6661$$

selon la formule Spearman.

b) Calcul de $\frac{\pi}{6}\,\rho = 30° \times 0,6661 = 19° 59'$

$$\text{Log. sin } \overline{1}, 53370$$
$$+ \text{ Log. } \quad 0, 30103$$

Total log. 2 sin 19° 59' $= \overline{1}, 83473$ d'où 2 sin 19° 59' = 0,6835
selon la formule Pearson.

c) $E\,P = \dfrac{0,70643\,(1-0,46717)}{6} = 0,06273$ selon la form. Brown.

La corrélation cherchée est entre 0,6208 et 0,7462. Elle est *positive* et *forte*. Il y a évidemment entre les causes de l'évolution intellectuelle et de l'évolution affective de secrètes affinités, sinon nous obtiendrions un résultat nul ou négatif.

Supposons maintenant deux séries de rangs, où les premiers sujets de l'une seraient les derniers de l'autre (ce que nous n'avons jamais rencontré), ainsi :

1, 2, 3, 4, 5, 6, 7 ... 30, 31, 32, 33, 34, 35, 36
36, 35, 34, 33, 32, 31, 30 ... 7, 6, 5, 4, 3, 2, 1

---

[1] Les calculs suivants ont été revus par des amis complaisants.

Nous obtenons, à la formule Pearson, r = — 1, c'est-à-dire une corrélation négative, inverse.

Deux processus psychiques dont la comparaison donne un résultat inférieur à 0 (ou très peu supérieur) n'ont pas de rapport entre eux. C'est le cas, par exemple, de *l'attention* et de *l'affectivité*, dont la corrélation est nulle :

Formule Pearson, r = 0,0616, E P = 0,1173. Ainsi la corrélation cherchée est entre — 0,0557 et 0,1789; elle oscille vers 0, le hasard.

§ II. Je relève au tableau XVIII quelques corrélations, les unes assez étroites, entre les facultés chez l'adolescente :

XVIII. CORRÉLATIONS DES PROCESSUS PSYCHIQUES

	R FORMULE PEARSON	RP FORMULE BROWN
a) **Rang intellectuel et autres processus :**		
1. Intelligence et mémoire	0,7048	0,01265
2. » affectivité	0,6835	0,06273
3. » personnalité	0,6797	0,06334
4. » volonté.	0,5017	0,08810
5. » attention.	0,2582	0,10322
b) **Processus mnésiques et autres :**		
1. Mémoire et attention.	0,6710	0,06472
2. » imagination	0,5891	0,07088
c) Attention et volonté.	— 0,00199 (nulle)	0,28830
d) **Processus affectifs et autres :**		
1. Affectivité et personnalité.	0,5301	0,08465
2. » volonté	0,4345	0,09551
3. » imagination.	0,1600	0,11472
4. » suggestibilité	— 0,3082 (inverse)	0,24267
e) **Rang psychologique et divers processus :**		
1. Rang psychologique et intelligence .	0,9890	0,00236
2. » » mémoire. . .	0,8740	0,02780
3. » » personnalité	0,7756	0,04620
4. » » affectivité. .	0,6357	0,07006
5. » » imagination.	0,5532	0,08170
6. » » volonté . . .	0,4464	0,09427
7. » » attention . ,	0,4204	0,09693

a) La corrélation de *l'intelligence* avec la mémoire, l'affectivité et la personnalité est très forte, moindre avec la volonté et faible avec l'attention. C'est un étrange petit rôle que joue du reste l'attention dans nos résultats; cela provient-il du fait qu'elle a été soutenue dans tous les tests, indifféremment, ou que l'adolescente n'est pas capable d'un sérieux effort d'attention ? Ses maîtres admettront plutôt cette dernière interprétation, car il faut faire d'incessants rappels à l'attention au cours des leçons chez l'adolescente.

b) La *mémoire* est en corrélation forte avec l'attention et l'imagination.

c) Entre *l'attention* et la *volonté*, il n'y a aucune corrélation (voir p. 85).

d) La corrélation des *processus affectifs* avec l'intelligence, la personnalité et la volonté est forte; elle est presque nulle, au contraire, entre l'affectivité et l'imagination et elle est « inverse » entre l'affectivité et la suggestibilité (c'est-à-dire qu'elle annonce un rapport entre l'affectivité et la résistance à la suggestibilité, donc, la volonté). Cela contredit l'opinion courante d'après laquelle l'épanouissement affectif paralyse l'intelligence.

En résumé, *l'idéation* et *l'affectivité* ne s'opposent pas l'une à l'autre, mais se développent avec un certain parallélisme que les corrélations prouvent d'une manière indéniable : il nous est donc bien permis de parler d'une *synthèse* du développement psychique de l'adolescente et d'établir, d'après tous les 7 rangs globaux d'intelligence, attention, mémoire, imagination, volonté, personnalité et affectivité, le *rang psychologique* de nos 36 sujets. On peut déterminer aussi la corrélation entre ces divers modes de classement : très forte entre le rang psychologique et l'intelligence, elle est forte aussi entre les rangs psychologique et mnésique, entre le rang psychologique et la personnalité, l'affectivité. Quoique cela corrobore la façon empirique de juger d'abord l'intelligence, puis la mémoire et seulement après la personnalité des hommes, ce n'en est pas moins un résultat intéressant de notre méthode. J'aurais attribué, au moment de l'adolescence, un rôle plus considérable à la volonté ainsi qu'à l'attention, dans le développement général : l'éducation devra développer l'énergie et la force d'inhibition chez les jeunes filles.

§ III. Ce développement psychique de l'adolescente — dont les divers processus sont en réelle corrélation — s'élabore selon une *évolution ascendante*, tant en idéation qu'en affectivité; on peut le résumer en une échelle métrique à plusieurs degrés, tableau XIX. Les types mentaux, selon la valeur associative, l'originalité, les aptitudes, etc., constituent autant de *stades* de cette évolution que nous avons ramenés, selon l'époque des tests, à trois degrés : 1, *la fillette*, 2, *l'adolescente*, 3, *la jeune fille*. Notre tableau mentionne aussi les étapes du développement physique; dans l'évolution psychique, les chiffres indiqués se ramènent aux mêmes tests.

§ IV. En étudiant la grosse masse des écoles primaires, des anthropologistes [1] ont prouvé que l'élève le plus grand et le plus lourd est, en général, le plus avancé au point de vue intellectuel. Etablissons le *rang physique* de nos sujets, en classant premiers ceux qui dépassent le plus en poids et en taille la norme de leur âge et derniers, ceux qui sont bien inférieurs. La corrélation est

---

[1] PORTER, GRASIANOV, SACK, MAC DONALD, contredits par GILBERT; voir SCHUYTEN, p. 13.

XIX. ÉVOLUTION ASCENDANTE DE L'ADOLESCENTE

	I. Développement physique.				II. Développement psychique (idéation et affectivité).												
	1. Age	2. Taille (m.)	3. Poids (kg.)	4. Puberté (%)	1. Mesure de l'intelligence par l'Association (%)	l'Exécution libre (%)	le Vocabulaire (%)	2. de l'Attention (%)	3. Mémoire immédiate — Mémoire verbale (%)	Mémoire immédiate — M. numérique (%)	M. de conserv. (%)	4. de la Volonté (%)	5. Personnalité — Originalité (%)	Personnalité — Banalité (%)	6. de l'Affectivité — Tests (%)	Affaiblissement (%)
III. La Jeune Fille après deux ans d'école secondaire.	15 ½	1.65	53	95	synthèse 25 ½	poésie 24	30 mots abstraits	83	67	70	70	47	65	10	24	55
	15 ans	1.63	50.87	85		imagination 22					64		50		Hypertrophie affective 8	40
	14 ½	1.66	45.67	65	synthèse 17 ½	érudition 24	25 abstraits									
II. L'Adolescente après un an d'école secondaire.	14 ans	1.55	43.50	40	analyse 40	observation 68	22 abstraits	80	64	68	60	37	42	10	4	
	13 ½	1.52	41.10	20												
I. La Fillette au sortir de l'école primaire.	13 ans	1.60	37.57	10	automatisme 15 ½	énumération 28	19 abstraits	70			42	30	29	21	2	41
	12 ½	1.46	35.88	5			16 abstraits									

Intelligence verbale — Période pubertaire — Période de forte croissance (III, II)

Intelligence sensorielle — Période prépubère (I)

très faible, peut-être à cause des étroites limites où nous opérons (36 sujets) :

1. Rang psycholog. et rang physique : 0,2073 selon Pearson, EP = 0,11277
2. Rang intellectuel   »   »   0,2039   »   »   0,11284

Nous avons rencontré des jeunes filles en vedette par le rang psychologique et l'intelligence, en dessous de 7 kg. sur le poids normal, d'autres, surpassant la moyenne de 16 kg. et plus et qui sont des plus retardées, psychologiquement.

§ V. Cette évolution ascendante contredit l'opinion de quelques psychologues, attribuant à l'enseignement un *rôle niveleur.* Un élève de Winkler d'Amsterdam, Nic.-Jean Francken [1] soutient que notre système scolaire est nettement « neutralisant ». Se basant sur l'analyse des descriptions, l'auteur montre que la disparition graduelle des détails — soit de l'esprit d'analyse et d'exactitude — est l'effet malheureux de l'école. Nos descriptions du chapitre II, comme toute l'évolution ascendante de nos adolescentes, infirment son jugement. Je n'attribuerai pas à l'enseignement seul l'épanouissement de la personnalité, dans lequel la crise pubertaire a une part, comme dans le développement affectif; mais je dois souligner que l'enseignement ne l'a pas entravé. Toute l'idéation a progressé, beaucoup dans la première année d'enseignement secondaire, un peu moins peut-être au cours de la seconde année, la cause de ce ralentissement étant l'hypertrophie affective et non pas l'enseignement.

Etablissons le *rang scolaire* [2] de nos sujets d'après les

---

[1] Cité par SCHUYTEN.

[2] La moyenne générale des 20 notes, prise au centième, donne pour la plupart des sujets des chiffres différents; toutefois, quand deux élèves ont la même note, la plus jeune est placée la première, selon l'opinion PORTER, BINET, etc., que l'élève le plus jeune d'une classe est le plus avancé.

notes du bulletin de fin d'année (celui-ci est lui-même
la synthèse de toutes les notes, résumées en 4 bulletins
trimestriels), sans distinction des branches. Le rang scolaire est en relation nette avec le rang psychologique et
le rang intellectuel des tests et cela est fort réjouissant :
on a si souvent médit de l'enseignement, de ses méthodes, qu'il fait bon souligner, en psychologue, la valeur
de la pédagogie officielle, quand on l'estime en tant que
professeur. Il y a, il est vrai, une plus grande corrélation entre le rang scolaire et le rang mnésique; encore
une occasion de répéter que la culture scolaire relève
trop de la mémoire (culture livresque) et ne tient pas
compte, d'abord, de la valeur intrinsèque, psychologique, des individus :

1. Rang scolaire et mémoire	. . . .	0,7440,	formule Pearson,	EP=	0,05256
2. »	rang psycholog.	0,6906,	»		0,06158
3. »	affectivité. . . .	0,6621,	»		0,06612
4. »	intellectuel . . .	0,4804,	»		0,09050
5. »	attention	0,3828,	»		0,10040

Le moule scolaire a pour effet, non le nivellement,
mais une certaine *homogénéité* des groupes qui n'exclut
pas la personnalité. En réponse à un des points interrogatifs de M. Bovet dans son article sur « l'Originalité et
la banalité », je répondrai que la IIme année est généralement plus homogène que la Ire. Il y a homogénéité
entre les sujets d'une même classe, quand l'écart entre
le coefficient de l'élève de 1er rang (qui a, par exemple,
35 % de mots abstraits en chasse aux mots) et celui de
l'élève du dernier rang (16 % ici) est peu accusé; cet
écart est, dans notre exemple, 19 en IIme année et 29
en Ire pour le même test. Dans la plupart des tests, cet
écart est plus grand chez les fillettes que chez les adolescentes, chez celles-ci que chez les jeunes filles. En
moyenne, quand l'écart est de 10 chez la fillette, il est

de 8,6 pour l'adolescente et de 7,6 pour la jeune fille, dans les mêmes tests. Cette homogénéité n'est pas autre chose que l'effet de la discipline intellectuelle, de la méthode de travail et de l'habitude acquise, bienfait de l'enseignement.

Cette analyse du développement psychologique général de nos adolescentes nous a permis de tracer, en quelque sorte, le portrait psychologique de *l'adolescente-type*. Il ne nous reste plus qu'à examiner quelques individus par la comparaison aux barêmes de leurs résultats particuliers et d'en tirer des conclusions pratiques pour l'orientation de la carrière et la pédagogie.

DEUXIÈME PARTIE

PSYCHOLOGIE INDIVIDUELLE

« Depuis vingt-cinq ans que je fais des recherches dans les écoles, je crois, dit Binet, que la détermination des aptitudes est la plus grosse affaire de l'enseignement et de l'éducation : *la pédagogie doit avoir comme préliminaire une étude de psychologie individuelle* [1]. »

En parlant de l'adolescente-type, nous avons créé une entité théorique qui ne correspond pas à un être réel. Aucune jeune fille, dans la pratique, ne réalise absolument les barêmes des classes dans tous les processus psychiques. Nos sujets ne sont pas « des types idéaux d'une perfection schématique » ; ce sont comme Marguerite et Armande — « des exemples concrets, mélangés ».

A l'aide des résultats individuels des tests, des notes sur le développement psychique, la valeur scolaire et le milieu familial, il est aisé d'établir un *portrait psychologique* de telle ou telle adolescente. La *méthode des tests* scrute mieux les sujets que ne le font les procédés courants; répétons avec Mlle A. Descœudres que si tel test peut paraître contestable ou de faible rendement — parmi les 22 que nous avons utilisés — on conviendra certes « que le résultat global de la comparaison de nom-

---

[1] *Les Idées modernes*, p. 11.

breux tests a une valeur indéniable [1] ». Nous présentons,
à titre d'exemples, quelques individus que l'intuition du
maître et les notes scolaires auraient définis tout autre-
ment que l'investigation psychologique des tests. Puis,
nous étudions l'orientation de nos sujets vers la vie pratique. Cela nous ramène à la même conclusion que
M. Lemaître [2] : « On devrait beaucoup plus individua-
liser l'éducation et l'instruction », refrain de tous les
spécialistes de la psychologie expérimentale et de la
pédagogie nouvelle.

---

[1] *Exploration de quelques tests d'intelligence chez des enfants anormaux et arriérés.* (Arch. de Psych., 1911, p. 371-375.)
[2] *La Vie mentale de l'adolescent,* chap. XII.

CHAPITRE X

QUELQUES PORTRAITS PSYCHOLOGIQUES

§ I. Comment l'instituteur apprécie-t-il un bon élève ?
C'est d'intuition souvent ou d'après les notes scolaires
exclusivement. Que valent pareils jugements ?

1. *L'intuition du maître* — le soi-disant flair pédagogique — est basé avant tout sur la logique du sentiment :
l'élève plaît ou déplaît au maître par son physique
(sinon par la condition sociale des parents), par le caractère (docilité, amabilité, etc.) ou l'ardeur au travail;
beaucoup plus rarement, l'instituteur apprécie la promp-
titude d'assimilation ou de jugement, l'esprit actif et
désireux de développement, en un mot, la valeur psychologique de l'élève.

2. Les *notes scolaires* ont leur intérêt certes. Nous
venons de constater (p. 170) une corrélation évidente
entre le rang scolaire et le rang psychologique. Toutefois, il est des cas de divergence entre eux (12 sur 40) :
certains sujets ont obtenu par les tests un rang plus
élevé que par les bulletins; d'autres sont moins avancés
par le rang psychologique que par les notes scolaires.
Les bulletins apprécient les connaissances acquises —
c'est-à-dire la *mémoire* avant tout — l'application et
la conduite des élèves, presque sans tenir compte de
l'intelligence, de la personnalité, de l'affectivité.

3. La *méthode des tests* pénètre bien plus avant dans

la mentalité du sujet : elle vise *un plus grand nombre de processus mentaux*, compare les résultats individuels aux barêmes-étalons, différencie *l'intelligence* propre de la mémoire ou de l'attention, décèle presque chez chacun des aptitudes spéciales (ignorées du sujet, du maître et de la famille), scrute la *personnalité* et *l'affectivité* du sujet, en quelque sorte à son insu.

L'intuition du maître est peu perspicace ou dévie, les notes scolaires ne sont qu'une norme partielle; de tous ces procédés, c'est incontestablement la *méthode des tests* — quoiqu'elle ait encore des adversaires — qui détermine le plus complètement la *valeur psychologique individuelle*.

§ II. Voici du reste, à titre d'exemples, quelques *portraits* particuliers. On se rendra compte par là de la précision qu'apporte l'analyse par les tests dans des cas où l'appréciation du maître était erronée ou incomplète. *Annette* est en somme beaucoup plus intelligente que ne le prouve son rang scolaire; *Bluette* qui paraissait nulle en tous points à ses maîtres, s'est révélée en voie normale d'évolution, quoique retardée; *Héloïse*, bien que très bonne élève, est en mauvais rang psychologique, sa puissance d'attention et de mémoire a été prise pour de l'intelligence. *Lucile* est une paresseuse qui n'a rien fourni dans les tests, comme en classe; la méthode d'expérimentation décèle pourtant une certaine intelligence, chez elle : en associations, elle fut 7me avec de gros coefficients de synthèse, et accuse une aptitude au dessin des plus intéressantes. Chez *Rose*, l'investigation par les tests a prouvé une pauvreté d'idéation que le rang scolaire n'aurait pas fait prévoir; sa moyenne est rehaussée par les branches manuelles; elle a une forte mémoire numérique. *Agathe*, élève timide et parfois très faible, est au contraire une intelligence très vive, selon la méthode des tests; mais son mauvais état de santé (elle fut toujours de 3 ou 4 kg. en dessous de la courbe de poids) dû à un trop gros effort de marche, lui a fait perdre plusieurs rangs, dans les expériences de fin de trimestre; en général tout accuse chez elle une personnalité saillante.

Les 36 sujets méritaient un portrait individuel. Intéressante est aussi la comparaison de deux sœurs : *Paulette*, l'aînée (elle a 2 ans de plus que l'autre) est une élève retardée de IIme année et *Thérèse* un sujet moyen de Ire. Les résultats des tests sont meilleurs partout chez la cadette, sauf en ce qui concerne la mémoire verbale (P. est du type moteur, Th. une auditive) et les aptitudes sensorielles; les goûts de Paulette vont à la couture. Après deux ans d'enseignement secondaire, les résultats des tests prouvent chez l'aînée une mentalité de fillette sortant de primaire. Ce retard s'explique en partie par son état physique (8 kg. et 6 cm. en dessous de la norme de son âge et rhumatisme aigu dans la suite) mais tient aussi au psychisme de l'individu. Voilà des indications qu'un maître d'école, même perspicace, n'aurait pas déterminées d'intuition ou par les habituels travaux scolaires.

1. A‌NNETTE [1] est l'aînée de 4 enfants; de milieu aisé, elle a beaucoup de loisirs et de nombreuses camarades.

Développement physique. C'est une belle jeune fille, exceptionnellement jeune en IIme année (13 ans au début des tests), constamment au-dessus de la normale en poids et en taille, d'excellente santé, sauf un peu de nervosisme aux périodes cataméniales et à l'approche des examens.

---

[1] Toutes ces jeunes filles m'ont autorisée à publier ceci, avec l'assentiment de la famille.

Caractère. Nature très vibrante, Annette est parfois violente, mais toujours très droite et susceptible d'enthousiasme. Elle est maternelle pour sa petite sœur. Annette se connaît assez bien; à l'interview, elle répond :

« Avez-vous des reproches à vous faire ? — Oui, trop souvent je néglige bébé ou j'oublie d'aider maman; on dit aussi que j'exige trop de mon frère. En classe je devrais m'appliquer un peu plus dans certaines leçons; mais c'est parfois si ennuyeux. » — « Il m'arrive souvent d'être sombre : je suis toujours ou très gaie ou très mélancolique. »

Développement psychologique. Annette est sortie première au classement par tous les tests; sa précocité est d'autant plus remarquable qu'on peut mettre ses résultats en parallèle avec ceux de Thérèse, exactement du même âge, mais qui n'est qu'une élève moyenne de Ire année. Synthétiste en associations, elle était encore observatrice en descriptions, mais elle atteignit très vite l'intelligence verbale avec de gros coefficients d'abstraits et une richesse toute spéciale de vocabulaire; en évocation et aux phrases à compléter, Annette était du type affectif. La mémoire est bonne, surtout la mémoire de conversation; toutefois l'attention étant faible et la volonté incapable d'énergie soutenue, Annette a manqué de l'application qui fait presque toute la valeur scolaire. Tout trahit chez elle un intense développement de l'émotivité; la chasse aux mots, les phrases libres ou à compléter ont livré son petit roman avec une candeur exquise : elle a passé par l'amitié, la Schwärmerei, le flirt au cours de l'année. Peut-on s'intéresser beaucoup aux cours, quand on fait le douloureux apprentissage de la perte d'une affection qu'on croyait fidèle ? De cet intense travail émotionnel, il sortit une Annette moins égoïste, plus serviable, plus confiante aussi, une jeune fille indulgente et altruiste.

Valeur scolaire. La plupart de ses professeurs qualifiaient Annette de l'épithète « moyenne ». Malgré ses aptitudes intellectuelles remarquables, elle ne sortit que 7me sur 20 au rang scolaire, sans doute faute d'attention soutenue ; elle eut de meilleures notes aux branches intellectuelles (5,58) qu'aux branches manuelles (5) ; ses goûts vont aux arts, la musique, la peinture, la poésie surtout ; Annette fit des essais littéraires que je n'ai pas vus.

Orientation. J'ai reçu d'Annette une lettre affolée, un jour que ses parents faisaient acte d'autorité pour lui imposer l'école de commerce, me suppliant d'intervenir en faveur de son cher idéal : les lettres. D'après les résultats scolaires de la jeune fille, j'aurais peut-être hésité. Après application des tests, je suis certaine que la valeur psychologique d'Annette lui permettra de hautes études. Le développement physique et le développement psychique se sont faits dans d'excellentes conditions, même en avance sur l'âge. Son intelligence avancée lui facilitera toutes les carrières ; je crois cependant que cette nature idéaliste souffrirait d'un travail trop routinier.

2. BLUETTE est la dernière d'une famille aisée de huit enfants (dont deux déficients). Elle a été très bien élevée. La mort de son père, au cours de l'année d'expérimentation a été pour elle une secousse qui influença son développement général.

Développement physique. Bluette est l'aînée des sujets de Ire année (14 ans 6 mois au début des tests) ; de taille normale, elle pesait 4 kg. de plus que la moyenne, à la fin des exercices; toutefois la santé n'a pas toujours été bonne; Bluette eut 36 jours d'absence.

Caractère. C'est une enfant très douce, très serviable, un peu indolente, sévère pour elle-même à l'interview : « mes défauts : paresseuse, chicaneuse, moqueuse, susceptible, boudeuse.... »

Développement psychologique. 11me sur 20 d'après l'ensemble des tests, Bluette m'étonnait car je m'attendais à la voir aux derniers rangs. Les premiers tests prouvaient chez elle un retard considérable d'idéation. En mai 1910, elle était bien inférieure au stade de coordination de la fillette de Ire année; en avril 1911, par contre, Bluette a atteint le développement normal. Enumératrice en descriptions et phrases à compléter, elle semblait arriérée; mais, en chasse aux mots, sous l'impression intense du chagrin tout récent, Bluette s'est épanouie soudain, avec un gros pour-cent de termes affectifs : et voilà comment de 20me qu'elle était, elle sortit 8me au rang intellectuel. La personnalité, nulle aux premiers tests, a évolué aussi sous l'action du chagrin, de même l'affectivité; à la fin de l'année, Bluette connut toute la lyre des sentiments qu'exagère l'adolescence. La mémoire verbale est tout à fait remarquable chez cette jeune fille. Type auditif-moteur, Bluette tient avant tout à la valeur auditive des mots, qu'elle retient sans les comprendre souvent; de là l'énorme quantité des assonances (55 %) en associations-couples. La musique l'enchante et je crois qu'il y a là une aptitude à développer, un réel talent.

Valeur scolaire. Bluette — qualifiée d'élève nulle, arriérée, voire anormale parfois par ses maîtres — n'est sortie que 19me sur 20 au bulletin de fin d'année; ses meilleures notes étaient dans les branches manuelles. Elle n'aime guère l'école, sauf l'orthographe et la récitation (où sa mémoire verbo-motrice la rend supérieure aux camarades). On m'objectera que, si l'intelligence évolua, l'élève aurait dû le marquer par de meilleures notes scolaires : on ne refait pas en quelques mois une instruction négligée et des habitudes de labeur actif, lorsqu'on est sous l'empire d'une forte crise affective. Par les habituels procédés de détermination de la valeur scolaire, nous n'aurions rien pressenti de cette subite évolution psychologique, à la suite d'un ébranlement moral, c'est là le fait seul de l'investigation par les tests.

3. Héloïse, l'aînée de deux enfants, a une vie très facile. A 13 ans 10 mois (début des tests) elle marquait 9 kg. et 13 cm. de plus que la normale; la puberté apparut à l'âge normal (13 ½ ans); elle jouit d'une belle santé; la fréquentation scolaire fut régulière.

Caractère. Héloïse est énergique, active, travailleuse, elle supplée sa mère, de complexion délicate, dans ses occupations les plus variées. Nature très vibrante, elle se donne ou se ferme, semble parfois butée, prétend cacher ses sentiments. Les camarades ont en haute estime sa franchise, même brutale et apprécient son amitié, son jugement.

Développement psychologique. Le rang de tous les tests la classe 8me sur 20; j'attendais mieux d'elle l'ayant toujours considérée comme une excellente élève. Par l'intelligence, Héloïse n'est que 13me; en associations 1910, elle était aux formes inférieures, pour passer en 1911 à des chiffres plus forts d'analyse et de synthèse. Enumératrice aux phrases libres, elle n'a pas dépassé le stade d'érudition aux descriptions, à la chasse aux mots, aux phrases à compléter. Son vocabulaire compte très peu de mots abstraits, et plus de verbes que le barême. En somme, à 14 ans, Héloïse était encore au stade d'intelligence sensorielle. Par l'attention, elle se classe Ire dans tous les tests. C'est sans doute par là qu'Héloïse m'a fait illusion. Erudite, Héloïse accuse plus de mémoire que d'intelligence. La mémoire numérique est très forte, la mémoire des idées très faible. Héloïse est du type moteur (elle confondit *k*, *c* et *g* au biffage de lettres), elle a peu d'images, mais cita 12 photismes de nombres qui aident évidemment sa mémoire numérique. L'hypertrophie affective s'est manifestée postérieurement aux tests; les billets m'ont révélé toute la gamme des sentiments exagérés.

Valeur scolaire. Héloïse est sortie 6me au rang des bulletins, avec 5,59 de moyenne sur 6. Cela est dû évidemment à la puissance de l'attention et de la mémoire. Ses meilleures notes de l'année étaient aux branches intellectuelles.

Orientation. Au début de l'année, Héloïse ambitionnait la carrière d'employée de bureau; à la fin, elle se voyait étudiante en droit, peut-être avocate. Les conditions physiologiques sont telles qu'on ne redoutera pas, pour elle, les longues études. Toutefois, la méthode des tests qui pénètre plus avant dans la mentalité du sujet, a fait constater chez elle que l'intelligence est moindre que l'attention et la mémoire.

4. ROSE par le *développement physique* est restée en dessous de la normale; sa santé paraît frêle mais la fréquentation scolaire fut régulière. Elle avait 13 ans 7 mois au début des tests.

Caractère. Rien de plus embarrassant que de formuler quelque chose : Rose est une gentille élève, lente, effacée, sans qualité, ni défaut, sans individualité; la timidité avec larmes faciles et fous rires, c'est-à-dire la sensiblerie des prépubères, telle était la dominante. La composition « Moi » est un mauvais portrait physique d'une enfant très agréable à voir.

Développement psychologique. 20me sur 20, 35me sur 36 sujets, Rose est un sujet en retard, car elle aurait dû être en IIme année par l'âge. L'intelligence est très faible : coordinatrice en associations en 1910 et 1911, elle était énumératrice aux phrases libres et aux descriptions, puis passa à l'observation, sans atteindre les autres stades : quel développement embryonnaire! Son vocabulaire spontané ne compte que 7 % d'abstraits avec une surabondance de substantifs. C'est elle qui ne distingue pas l'argot du français usuel en classe. L'attention est faible, la mémoire aussi, sauf la mémoire des nombres, l'imagination pauvre, la volonté n'a rien de saillant, la personnalité nulle (dans le vocabulaire spontané, car en associations les termes d'argot lui conféraient l'unicité); enfin, l'affectivité est des plus enfantines. Elle n'a connu aucun des sentiments chers à l'adolescence. Je la crois fille très affectueuse, excellente grande sœur, mais peu vibrante. Je n'ai relevé qu'un seul exemple de sentiment chez elle : « J'aime beaucoup les bébés parce qu'ils n'ont jamais fait de mal. Si l'on aime un bébé, quand il sera grand, il nous aimera aussi. »

Valeur scolaire. Rose est sortie 13me sur 20 au bulletin final, avec 4,81 de moyenne (5,65 aux branches manuelles, 4,4 aux branches intellectuelles); si nous considérons que c'est en IIme et non en Ire qu'elle devrait être, cela est peu brillant. Toutefois, la méthode des tests a décelé chez elle une incapacité intellectuelle que le rang scolaire ne fait pas saillir; sans les tests nous l'aurions crue supérieure à Bluette et ce n'est pas le cas.

Dans ces quelques esquisses, nous considérons avant tout la *valeur intellectuelle* du sujet. Ajoutons deux portraits d'adolescentes, exemples typiques de *l'émotivité* de cet âge. *Dora* vaut une mention à cause de sa tendance au pessimisme et *Diane*, parce qu'elle est un cas — tout à fait exceptionnel — de l'exagération sentimentale de l'adolescence (un cas « pathologique »).

5. Dora est l'aînée de deux enfants d'une famille d'ouvriers. Le père étant infirme, le travail de la mère s'impose : activité fiévreuse; la jeune fille doit beaucoup de son temps aux travaux domestiques.

Développement physique. Dora avait 13 ans 7 ½ mois au début des tests et fut toute l'année en dessous de la normale (7 kg. et 3 cm. à la fin de l'année). Dora ne semble jamais bien portante, souffre de céphalée et de vertiges, dort peu; elle eut une jaunisse à la fin de l'année scolaire; à 16 ans la puberté n'était point encore établie.

Caractère. Trop sérieuse pour son âge, Dora incarne avant tout la conscience du devoir. C'est une travailleuse infatigable qui a toujours ceci présent à l'esprit : « Mes parents doivent faire un grand sacrifice pour me permettre de passer mon brevet, aussi ne comprennent-ils que l'étude, l'étude sérieuse. » Je laisse Dora faire elle-même son portrait :

« *Moi*, je vous avoue que ce sujet ne m'aurait pas plu comme composition de classe — je n'aime pas à dévoiler publiquement mes sentiments. Donc, ce n'est pas une rédaction quelconque, c'est l'analyse de moi-même aussi bien que possible. Pour moi, la vie est laide, affreuse; j'ai un souci continuel : l'avenir.... qui est si sombre — j'en frémis le soir. Parfois, il me semble ne jamais pouvoir arri-

The table compares individual subjects (DORA, HÉLOISE, ANNETTE, IIme ANNÉE, ROSE, BLUETTE, DIANE) against the BARÈMES (standards) across a series of tests, grouped by psychological faculty (Intelligence, Attention, Mémoire, Imagination, Volonté, Affectivité).

BARÈMES (central test list):

1. Associations-couples 1910
2. » » 1911
3. Phrases libres
4. Descriptions
5. Chasse aux mots
6. Phrases à compléter
7. Vocabulaires, associat. 1910.
8. » associat. constel.
9. » chasse
10. » associat. 1911.
11. Formes grammaticales
12. Copie de texte
13. Biffage de lettres
14. Nombres
15. Syllabes
16. Mémoire des idées, franç. mod.
17. » » vieux franç.
18. Mémoire numérique
19. Mémoire verbale, monosyll.
20. » » mots coner.
21. » » mots abstr.
22. Mém. de conserv. assoc. 1910
23. » assoc. 1911
24. Id. (vers Ire) B. assoc. 1910
25. Id. (vers Ire) B. assoc. 1911
26. Phrases à compléter
27. Test individuel
28. Chasse
29. Fabulation
30. Suggestibilité à l'action morale
31. Copie de texte
32. Nombres sériés
33. Lignes croissantes
34. Influence gramm. assoc. 1910
35. » » assoc. 1911
36. Originalité, assoc. 1910
37. » assoc. constel.
38. » chasse
39. » assoc. 1911
40. Coefficient affectif d'évocation
41. Abstraits de sentiments
42. Vocabulaire affectif des tests

A. Rang psychologique
B. » intellectuel
C. » mnésique
D. » scolaire

Faculty groupings (margin labels): Intelligence — Attention — Mémoire — Imagination — Volonté — Affectivité.

Subject column headers:

- DORA — 13 ans 7 1/2 m. à 14 ans 6 1/2 m.
- HÉLOISE — 13 ans 10 m. à 14 ans 9 m.
- ANNETTE — 13 ans à 13 ans 11 mois
- IIme ANNÉE
- Ire ANNÉE
- ROSE — 13 ans 7 m. à 14 ans 6 m.
- BLUETTE — 14 ans 6 m. à 15 ans 5 m.
- DIANE — 13 ans 8 m. à 13 ans 11 mois

ver à vingt ans, c'est loin.... trop loin ; au contraire, souvent je brode l'avenir ; mais c'est toujours tragique : je me vois au cimetière, pleurant sur la tombe de mon père. Je vis plutôt dans le passé, le souvenir est doux, il nous apparaît au travers d'un voile (je pense en riant au moment solennel où j'ai donné ma première poupée).... Je taquine souvent mon frère : il a des gestes d'indépendance qui m'amusent beaucoup. Mais la médaille a son revers ; si je ris un peu, maman me démontre qu'il n'est pas bon d'ennuyer les enfants, c'est-à-dire de leur apprendre l'art de taquiner les autres.... Vous vous rirez peut-être de moi, si je vous avoue que j'aime encore à courir et à jouer ; je suis quelquefois alléchée par les offres d'enfants plus petits que moi ; par malheur maman me croit déjà une adulte et me permet difficilement de me mêler à leurs jeux. Quant aux idées religieuses, je n'en ai encore aucune. Ce vers de Sully Prudhomme m'obsède tous les soirs :

« Demain, je te dirai, mon âme, où je te mène ! »

et le lendemain, je suis encore trop jeune et je ne comprends pas. — P. S. Pardonnez-moi mon écriture et mon style ; maman m'attend pour ranger le grenier. »

Dora est une nature trop vibrante ; elle est sensible à mille nuances qui laisseraient indifférentes les autres adolescentes : sa condition sociale, son obligation de travail perpétuel, la crainte d'un échec, la possibilité de déplaire à une mère sévère ou à un maître cher, de blesser les camarades, etc. Courageusement, elle se laissera accuser de fourberie — elle si franche ! — plutôt que de trahir ce qu'on lui a confié. Dora serait peut-être qualifiée d'orgueilleuse si on ne considérait que son acharnement à arriver première ; à la voir si modeste dans le succès, on modifie bien vite un tel jugement.

Développement psychologique. Dora sort 5me de sa classe de IIme année par le classement de tous les tests.

L'intelligence est très développée. Elle accuse le type synthétiste en associations. Observatrice aux phrases libres, érudite en chasse aux mots, elle passa au type poétique avec les descriptions et à l'affectivité aux phrases à compléter. En mai 1910, elle était encore à l'intelligence sensorielle, avec 17 % d'abstraits; en 1911, elle est en pleine phase d'intelligence verbale avec 40 % d'abstraits. L'attention est plus faible, la mémoire est bonne, surtout la mémoire de conservation, l'imagination vive, l'imagerie riche (quelques photismes), la volonté forte, la personnalité saillante dans les tests, les travaux scolaires, les lettres, la conversation :

« J'aime mieux un travail difficile, qui se résout par le raisonnement et par les expressions propres (Dora entend par là qu'on y met sa marque personnelle). On voit mieux la différence de nature des élèves dans un travail difficile qui exige l'effort (c'est-à-dire la ténacité). »

Je savais Dora une nature sensible, mais sans les tests, je l'aurais simplement classée dans les forts « en thèmes ». Elle a connu tous les sentiments exagérés de l'adolescence, seulement son émotivité se teinte d'une nuance *pessimiste* particulière qu'on peut attribuer à son mauvais état général, son extrême fatigue ou fatigabilité. Dora est plus altruiste que ses camarades. Les premières lettres à son amie (en traitement à Leysin) sont d'abord des comptes rendus objectifs, puis elles deviennent plus tendres, agrémentées de « ma bien-aimée », « ma salamandre », « ma grande, grande chérie ».

« Je serai bien heureuse de voir revenir ma seule amie » (et cela, avec signes mystérieux) : « Quand le jour de ton retour sera fixé, divise un papier en autant de petits carrés que de jours, et noircis-en un chaque soir : cela fait plaisir de voir le temps diminuer et l'ombre du passé « effacer les jours d'ennui ». — « La lecture est mon seul vrai plaisir. Je préfère les livres tristes, parce qu'ils ont plus de profondeur et laissent une impression plus longue. » — « Tout ce que j'aurai, je le donnerai à mes parents, ils m'ont donné tant, tant de fois ». — « L'avenir me préoccupe et je tressaute dans les leçons : je crois trouver grand'maman morte d'une attaque et je me la représente si bien que je suis prête à pleurer. L'avenir pour moi est très sombre, il me semble impossible de nourrir des espérances et d'avoir des plaisirs comme certaines de mes compagnes. » — « Si je ne peux pas écrire des histoires d'amour, je les forge le soir au lit; quand je raconte des histoires à mon petit frère, faute d'amour de jeunes gens, je lui parle d'enfants. »

J'ai d'elle des essais littéraires en prose et des preuves évidentes de « Schwärmerei » intense, etc.

Valeur scolaire. Dora est sortie 1re au rang scolaire, avec 5,85 de moyenne (maximum 6) : c'est un superbe résultat, car elle n'est que 13me par l'âge et 19me par le développement physique. C'est à son intelligence et à son énergie qu'elle doit son succès; sa force de volonté a dû triompher de bien des obstacles : mauvaise santé, travaux multiples en dehors de l'école, concurrence de jeunes filles plus favorisées par le sort et piquées d'émulation, attention flottante, etc.

Orientation. Dora désire être institutrice et tout en elle paraît l'orienter vers l'étude et l'altruisme d'une carrière de dévouement. Avant de connaître son expansion affective, j'aurais dit que ses succès scolaires annonçaient une bonne normalienne; après les tests, je suis certaine que Dora marquera dans l'enseignement par des qualités solides.

6. DIANE est la cadette de deux enfants très choyés; les parents sont en état de satisfaire leurs désirs les plus extravagants, mais savent être fermes.

Développement physique. Diane avait 13 ans au début des tests. Poids et taille étaient normaux en mai 1910. En novembre elle était à 45 kg. et tomba en janvier à 40 kg. pour remonter en avril à 44 kg. (la normale). La puberté s'établit aux grandes vacances : est-elle indirectement cause de la chorée de Diane ? Depuis décembre, la jeune fille a été en traitement dans sa famille, puis à Berne chez le Dr Schnyder; mes notes personnelles mentionnent antérieurement une gastrite en juin et 35 jours d'absence. Sortie du collège, Diane a bien voulu continuer les tests, même à la clinique quand cela était possible. Ses lettres et son journal renseignent très exactement sur son caractère et sa valeur psychologique.

Caractère. Je glane dans son journal : « Je suis une jeune fille très heureuse. La graphologie dit de moi : idéaliste, délicate et poétique, le goût des belles choses, des habitudes luxueuses, beaucoup d'ardeur, d'entrain, d'ambition, pourtant un peu raide et quinteuse, une volonté plutôt faible et de l'emportement. (Le graphologue ne dit pas que je suis affreusement têtue; je reconnais mes torts et cherche à m'en corriger.) J'ai des idées fines et généreuses, mes amours sont affectueuses et passionnées. (Certes, ici, la graphologie ne se trompe pas, mais elle n'indique pas tous mes défauts....) » Au questionnaire de juin, Diane répondait « gourmande, petites blagues, mauvaise tête, peureuse, drôle de caractère, de la coquetterie, trop parler quand il ne faut pas — bon cœur —; je voudrais ne jamais dire de mensonges, être douce, aimable, toujours docile, ne pas chicaner mon frère et obéir au premier mot. » Diane est cordiale avec ses compagnes, sans distinction de classes sociales, bonne, sincère; elle reconnaît ses torts et n'est pas toujours « enfant gâté ». Le travail a été négligé, plutôt par raison de santé. Les tests ont pris sur le vif une phase d'intense égocentrisme, qui fut courte; malgré le nervosisme, la jeune fille s'ouvrit à l'altruisme.

Développement psychologique. Diane sortit 4me sur 20, par l'ensemble des tests; c'est une élève avancée de Ire année. L'intelligence est forte; en associations, Diane est synthétiste avec des résultats presque analogues à ceux d'Annette, élève avancée de IIme. Affective aux phrases libres, descriptions et à la chasse aux mots, Diane, malade lors des phrases à compléter, eut de gros pour-cent d'observation et d'énumération — il y a là comme une régression causée par le nervosisme. Le vocabulaire spontané compte 38 % d'abstraits et beaucoup d'adjectifs. Aucune élève de Ire année ne s'est analysée si finement à l'interview. L'attention est moyenne, la mémoire des idées plus forte que la mémoire verbale ou numérique, l'imagerie très riche et modifiable (deux cas de paramnésie et la confusion du vert et du jaune), l'imagination très vive, la volonté et la personnalité mal définies (car Diane n'a pas fait tous les tests) et l'affectivité hypertrophiée à l'excès. Au début de l'année déjà, cette gamine de Ire année me frappait par ses longues rêveries, racontées avec plaisir, une sentimentalité, exagérée encore de beaucoup dans la suite, certaine hantise de la mort, dans la phase préparatoire du nervosisme. Diane a multiplié les expressions d'amitié exagérée et de fervente Schwärmerei, écrit des centaines de lettres, barbouillé des essais littéraires, en vers et prose, rêvassé, etc., etc. Elle est fort habile à l'introspection, aussi lui laissons-nous la parole :

« Ce que je pense de l'amitié pour une jeune fille ? Qu'il n'y a rien de plus beau au monde quand on aime sincèrement; cette amitié est parfois passionnante. L'amitié pour une personne plus âgée est très fréquente et je la trouve exquise; moi-même j'en ai une pour.... » *Lettre :* « Te dire que je t'aime et t'adore, ma toute chérie, pourquoi ? Tu le sais depuis longtemps et cela empire toujours. Mais c'est bon encore de le répéter et de le redire; je suis toujours, pour toi, cette amie qui t'a donné son cœur, sa foi (elle-même) et je ne changerai jamais ! Tu es et tu seras toujours ma mienne, chère, toute chère. C'est drôle les choses de la vie; sans l'amour de mon idole que serait-elle ? Je vais m'endormir en pensant à toi. Cent mille baisers. Diane. » — *Extraits du journal de la clinique :* « Ah ! non, non, jamais personne ne le saura ! (je crois que mon cœur s'est arrêté de battre). Que je l'aime ! Je penserai toujours à elle. Libre à mes pensées, toujours elle aura mes premières.... Charmant, tout à fait charmant mon docteur, quel taquin ! Attends, mon petit, je suis aussi malicieuse que toi ! Ne découvre-t-il pas mon sachet chéri dans mon tiroir. Il palpait chaque lettre : « Quelles délices ne doit-elle pas contenir ? » — Il grillait de le savoir. Ah ! mais, mon petit vieux, tu ne le sauras pas. — J'ai les bleus, ce soir, je ne sais trop pourquoi; j'ai comme un poids au cœur, je voudrais pleurer et ne peux pas. Pourquoi Sœur Félix-Marie, cette vilaine petite méchante, m'a-t-elle posé cette question : « Dites, Mademoiselle Diane, pourquoi vos yeux pétillent-ils quand vous parlez du médecin ? » C'est affreux ; mes yeux ne pétillent pas le moins du monde.... si, pour une seule personne, Mademoiselle X, mais pas du tout, du tout pour « mesieur mon médecin ». — Il faut que je change mon caractère, au dire de M. le docteur; que je sois moins idéaliste, enthousiaste et sensible. Il ne faut pas que mon imagination passe les bornes et que je ne m'emballe pas trop vite en amitié. (Il ne connaît pas ce que j'aime !) Il me faut devenir calme, une jeune fille posée, raisonnable, affable, gracieuse, douce, obéissante et moins turbulente. Je suis trop précoce, quoi, il faut que je devienne une mômière. Oh ! non alors ! — Il me dit aujourd'hui que je mets trop de poésie dans ce que je fais (un mensonge atroce), que je suis trop romanesque (bêtise, va !) et que — ce fut la fin de sa morale — je faisais partie de ces jeunes filles envolées, lyriques, aux exaltations exagérées, que sais-je encore ! (Triple bêtise ! ! !) — Si je change mon caractère, je serai moins têtue et colérique, moins nerveuse et sensible; mais si je tiens à garder « mon esprit d'imagination », comme il dit, à qui est-ce que je fais tort ? car je m'amuse et cela me passera.... »

Evidemment cette phase affective constitue presque une maladie du sentiment, par son intensité et sa précocité (car Diane était en Ire). Le psychiatre a pleinement réussi dans la rééducation psychique de Diane. Elle est aujourd'hui une charmante jeune fille, vibrante, mais plus pondérée et qui rit elle-même de ses extravagances sentimentales. Elle m'a prêté gentiment ses élucubrations d'alors pour servir d'illustration à ma thèse. Par le rang scolaire, Diane était 11me sur 20. Ici encore, les données scolaires auraient très mal défini cette intelligence précoce. Les tests ont mis en évidence ses brillantes facultés et son affectivité ardente.

CHAPITRE XI

ORIENTATION POUR LA VIE

S'il est aisé d'orienter les sujets avancés et moyens — toutes les carrières sont ouvertes aux intelligents en bonne santé — la question est plus complexe pour les sujets en retard.

§ I. Mlle Dugard est catégorique : « Il est des êtres totalement ou partiellement incapables d'évolution progressive[1]. » On devrait exclure de l'école ce qu'elle nomme les *inéducables* (dégénérés, arriérés, instables, débiles) ceux aussi qui « sans paraître tout à fait anormaux et après avoir donné des espérances, atteignent vers 13 ou 14 ans le terme de leur évolution progressive et dont les facultés vont dès lors en se dégradant. »

Certains psychologues considèrent la *paresse* comme la conséquence d'un tempérament faible, « un moyen de défense de l'organisme contre les excitations trop fortes », dit le Dr Lemonnier[2]. Il faut alors la respecter et mettre ces sujets au repos physique et psychique (alimentation surveillée, frictions, exercices combinés avec une sage rééducation de l'attention et de la volonté).

---

[1] *Évolution contre éducation*, p. 18, 20.
[2] *Le traitement diététique de la paresse.* (Nov. 1909. Revue d'Hypnotisme.)

§ II. Binet et Simon [1] considèrent sous le nom *d'ar-riération mentale* un retard de *3 ans;* aucun de nos sujets ne présente pareil recul. Si c'était le cas, nous le renverrions aux établissements spéciaux. Nous en avons qui sont en *retard de 2 ans* par le développement psychologique (Paulette) ou *d'un an* (Lucile), c'est-à-dire qu'étant en IIme année, ces jeunes filles ont des résultats plus proches du barême de Ire, ou que des élèves de Ire année, à la fin de l'année scolaire sont encore au stade de la fillette sortant de primaire. Nos retardées ne sont pas des arriérées et l'évolution se fera très probablement pour elles ou avec plus de temps ou sous l'impulsion d'une émotion intense (Bluette). Qu'on recoure pour elles au système des « Sonderklassen » de Manheim ou qu'elles doublent les classes dont elles n'ont pas atteint les moyennes, les professions intellectuelles leur sont fermées; les goûts, les notes scolaires, la tournure vers la vie pratique, le vocabulaire concret, leur idéation toute sensorielle les orientent plutôt vers les carrières manuelles.

C'est le cas de rappeler le mot de Binet :

« Nos cancres sont, pour une bonne moitié ou les deux tiers, des enfants dont on méconnaît les aptitudes et qui sont faits pour le travail manuel [2]. »

J'applaudis à la création d'écoles professionnelles pour ces jeunes filles et à la tendance toute nouvelle de réhabiliter le commerce et l'industrie et les industries du vêtement (couture, mode, broderie), trop négligés pour les carrières libérales. Prenons quelques exemples sommaires :

---

[1] *A propos de la mesure de l'intelligence* (Année psych. 1904).
[2] *Les Idées modernes....* p. 286.

	Age (à la fin des tests)	Poids.	Taille.	Rang psychologique.	Rang intellectuel.	Rang scolaire.
Laure	13 ans 7 mois	+ 1 kg.	+ 1 cm.	8	11	2 sur 20
Thérèse	13 » 7 »	+ 2	—15	10	7	12 »
Nina	13 » 7 »	— 3 ½	— 5	18	17	13 »
Gertrude	13 » 8 »	+ 2	+ 2	9	12	4 »
Olga	14 » 8 »	— 5 ½	— 4	19	19	10 »
Idelette	14 » 9 »	+ 3 ½	+13	14	15	16 »
Eva	14 » 9 »	— 4	— 4	9	11	14 »
Berthe	14 » 10 »	— 4	— 6	13	10	12 »
Lucile	14 » 10 »	+ 3	+ 9	17	9	17 »
Marguerite	14 » 11 »	+16	+ 1	19	20	18 »
Paulette	15 » 7 »	— 8	— 6	20	18	20 »

(Ire année : Laure, Thérèse, Nina, Gertrude, Olga. IIme année : Idelette, Eva, Berthe, Lucile, Marguerite, Paulette.)

Je ne conseillerais pas à Idelette, Olga, Nina de poursuivre leurs études, malgré leur grand désir d'être institutrices; elles n'ont pas les aptitudes suffisantes, malgré les résultats scolaires, tandis que Laure (mémoire 5me, attention 2me, volonté 3me) réussira certainement à l'école normale. Gertrude, élève moyenne de Ire, désire être comptable; elle a une excellente mémoire numérique. Eva, moyenne de IIme, vise aussi la comptabilité; mais elle est faible par la mémoire numérique (18me) et brille par la mémoire verbale et le verbalisme d'érudition; en voie d'évolution vers l'imagination, elle ne trouverait pas dans les bureaux pleine satisfaction à ses aptitudes. Berthe n'a affirmé aucun goût; elle fit une grave maladie peu après l'année d'expérimentation. Je puis affirmer d'après les tests qu'il y a chez cette jeune fille une vie intérieure intense qui mérite d'être cultivée.

§ III. Quand notre enseignement sera déchargé des sujets en retard, je ne crois pas qu'il y aura lieu de créer des classes particulières pour les élèves *en avance* — les hypernormaux, comme c'est le cas à Charlottenbourg, par exemple. Rappelons qu'il est important de surveiller les avancées aux points de vue physique et psychologique au cours de leurs études ultérieures.

Un réel danger de l'éducation des jeunes filles est *l'intellectualisme* à outrance. Il serait oiseux de répéter ici le débat plusieurs fois séculaire de l'instruction accordée ou refusée aux femmes; il figure déjà au « Roman de la Rose » et prit une acuité particulière aux premiers temps du féminisme. Voici le verdict du fameux anti-féministe Winkler : « Ce sont précisément ses propriétés sexuelles secondaires : vie sentimentale plus étendue et plus riche, suggestibilité plus forte, subjectivité plus grande, qui rendent la femme moins apte à l'intellectualisme vers le dehors. » Et Schuyten de continuer : « Cessons donc ce faux jeu de l'intellectualisme. Il faut à la femme une éducation *féminine*. L'intellectualisme n'est pas son affaire. On ne la poussera aux études que si ses penchants dans cette direction sont clairs; mais elle bénéficiera, dans tous les cas, de la même éducation ménagère qui s'impose à toutes. [1] »

D'autre part, les carrières libérales — autrefois apanage masculin — sont envahies par les femmes : médecine, barreau, sciences, hautes études.... et nos élèves actuelles réclament le latin, le grec, la préparation au baccalauréat qui leur facilitera l'accès des universités. Ce beau zèle n'est souvent qu'un feu de paille d'enthousiasme juvénile et je sais plusieurs jeunes filles qui revinrent aux carrières plus modestes, quand je leur démontrai le célibat presque forcé auquel se condamne l'intellectuelle.

Il est évident que nos programmes et notre système d'éducation obligent les maîtres — alors même qu'ils

---

[1] Loc. cit., p. 169 et 170.

voudraient faire appel aux forces intégrales de « l'individu » (M. Dugard) — à s'attacher avant tout à la transmission du savoir. On y remédiera quand on utilisera les tendances naturelles de chaque âge, par exemple, lorsqu'on se servira de l'épanouissement affectif de l'adolescente pour la culture morale de la femme.

———

CHAPITRE XII

REMARQUES PÉDAGOGIQUES

Dans la vie humaine, *l'adolescence est une phase d'intense évolution physiologique, mentale et affective*. Des psychologues en ont marqué l'importance pour le jeune homme. Nous avons cherché à démontrer en quoi consiste, chez l'adolescente, cette métamorphose qui — en moins de deux ans — « déchrysalide » l'idéation et l'affectivité de la fillette, au point que, devenue jeune fille, elle ne ressemble pas plus à l'être prépubère que le papillon à sa chenille.

La pédagogie s'adaptera peu à peu aux données psychologiques, afin de profiter de l'évolution naturelle et des aptitudes particulières pour obtenir le meilleur rendement possible de chaque individu. Une monographie de psychologie scolaire implique quelques *indications pédagogiques*.

§ I. *Nécessité d'harmoniser l'enseignement avec l'évolution de l'adolescente*. Mlle M. Dugard a écrit un opuscule, l'*Evolution contre l'éducation* [1] qui eut un grand retentissement. L'auteur réclame d'une part qu'on élimine des cadres scolaires les déficients, les non-valeur, de l'autre — en souhaitant l'allègement des programmes — elle insiste sur l'inanité de l'éducation quand elle ne concorde pas avec *l'évolution*. Mlle Dugard ne nous

[1] Paris, 1010.

dit pas ce qu'est cette évolution. Or, nous venons de la prendre sur le vif chez l'adolescente : il serait de meilleure pédagogie de s'y conformer que de vouloir la contrarier ou devancer ses étapes.

Nemo naturae nisi parendo imperat, on ne commande à la nature qu'en lui obéissant. W. James déjà, avec sa théorie de l'utilisation des instincts suivait l'évolution spontanée : « Il importe de ne pas laisser passer l'instant propice où les enfants acquièrent le tour de main, en dessin, font des collections d'histoire naturelle, disséquent ou herborisent, ni celui qui vient ensuite où ils s'initient aux harmonies des lois mécaniques, aux merveilles de la physique et de la chimie. Plus tard, ce sera le tour de la psychologie introspective, des mystères de la métaphysique et de la religion. Et enfin viendra l'heure du drame des affaires et de toute la science de la vie. Ainsi donc, appliquer un esprit à une étude, c'est appliquer un instinct à son objet et le premier devoir de l'éducateur est de distinguer quand cet instinct est prêt à fonctionner [1]. »

« Die Reform vom Kinde aus » : voilà ce que requiert Mme Ellen Key ainsi que tous les vrais pédagogues, car les sciences de l'éducation visent à faire de l'enfant une valeur sociale, selon les principes de l'énergétique. Nous voudrions le réaliser pour l'adolescente de demain. Nos programmes, nos méthodes devraient *suivre* plutôt que contrecarrer son évolution ; « individualisons » notre enseignement en tenant compte de chaque stade.

1. Avec la *fillette* prépubère (12 ½ à 13 ½ ans), époque de *l'intelligence sensorielle*, usons surtout de l'enseignement concret, intuitif, formons l'esprit d'observa-

---

[1] *L'Instinct*, chap. xv, cité par E. BAUDIN (*Education* N° 2, juin 1909).

tion, amenons nos sujets du vague au précis, de l'énumération à l'observation. N'exigeons pas trop d'effort de jugement, puisque l'intelligence n'en est encore qu'à la coordination, n'abusons pas de la terminologie abstraite, puisque le vocabulaire est surtout concret. La composition française s'appliquera aux descriptions, si possible à des sujets d'observation directe. Toutes les matières du programme seront présentées aussi objectivement que possible : la langue s'étudiera sur les textes, l'histoire avec des images, la géographie avec cartes, photographies, reliefs, l'arithmétique avec des exemples concrets (système métrique, par exemple); les sciences naturelles (musées, collections individuelles) auront une large part dans la culture de cette intelligence toute sensorielle, ainsi que le dessin (objets usuels, essais de couleurs, etc.), les ouvrages manuels, l'économie domestique et l'école ménagère.

2. Avec *l'adolescente* en pleine période pubertaire (13 ½ à 14 ½ ans) qui évolue vers *l'érudition*, *l'imagination* et *l'émotivité*, nous pourrons aborder, en composition, les sujets d'imagination créatrice, voire les thèmes affectifs. Le vocabulaire compte un plus fort pour-cent d'abstraits; le maître initiera l'adolescente au sens figuré, aux nuances de sens, aux abstractions. C'est l'analyse, le mode préféré d'association : on fera des classifications, des tableaux synoptiques; l'heure est venue d'organiser les connaissances acquises plutôt que de les augmenter. La crise physiologique oblige à diminuer l'effort mental de l'adolescente, puisqu'elle se désintéresse des programmes en usage : on pourra *réduire l'enseignement proprement dit*, négliger la science, se borner à quelques cours de répétition dans les langues (maternelle et étrangères), en arithmétique, histoire, etc., cela,

afin de gagner du temps pour la *culture morale* et tirer parti de l'extraordinaire expansion *affective* de cet âge. On devrait donner à cet enseignement une tournure nettement *féminine;* j'aimerais voir nos adolescentes, aux cours d'histoire ou de lecture, avec un ouvrage pour occuper leurs doigts (quelque chose de facile qui ne distrait pas), cela aide à fixer l'attention et empêche le parapsychisme. La morale du devoir sera un objet d'étude, non pas dans un enseignement dogmatique, mais sous forme de compositions, causeries, lectures en rapport avec les goûts des élèves et l'actualité. On pourrait initier l'adolescente aux soins des bébés, des malades et s'il y a lieu les instruire de la question sexuelle « parce que l'enseignement des choses de la maternité, selon Mme Leroy-Allais [1], est le meilleur et presque seul moyen de parer aux inconvénients de la science mal acquise ». On peut faire aussi la culture esthétique de l'adolescente par la musique, la poésie, l'histoire de l'art et de la littérature.

Toute adolescente devrait avoir, pour couronnement de sa préparation scolaire première, une année consacrée à la culture morale avant tout, où la personnalité serait développée par l'élévation de la pensée et la profondeur des sentiments; on s'inspirera de ces principes dans les écoles professionnelles elles-mêmes et l'on introduira un peu l'idéal dans les écoles-ateliers de couture, etc.

3. Avec la *jeune fille* (14 ½ à 15 ½ ans) la crise pubérale étant passée, l'orientation sera autre. L'intelligence plus développée, apte à la *synthèse,* permettra de reprendre, sur une base nouvelle, la culture intellec-

---

[1] *Faut-il instruire les jeunes filles de la question sexuelle ?* (Hygiène scolaire, janvier 1910).

tuelle proprement dite, sans négliger la culture morale, par exemple, selon les principes de l'Université féminine de Leipzig. La préparation d'une carrière, la *spécialisation*, commencera alors, si le développement physique est normal, car nous ne prétendons pas nous opposer au courant qui entraîne les jeunes filles intelligentes vers les professions libérales.

§ II. *Détermination de la valeur psychologique des écoliers.* Un psychologue allemand pose ainsi le problème des capacités individuelles :

« Il ne s'agit pas seulement de dire à la famille : « Votre enfant ne peut suivre tel cours, ni entreprendre telle carrière. » Il faut, avec *preuves à l'appui*, démontrer aux parents ce que leur enfant peut faire; le forcer à tenter autre chose, c'est aller à l'encontre de ses aptitudes naturelles [1]. »

A cet effet, l'auteur voudrait initier l'instituteur à la psychiatrie et à la psychopathologie : point n'est besoin. Il suffit qu'il s'intéresse à la psychologie normale et porte intérêt à ses élèves pour que — malgré le travail supplémentaire que cela constitue — il apprenne à connaître leur *valeur psychologique* par les tests les plus fructueux. M. H. Winch [2] préconise les *tests psychologiques* pour les concours de bourses. Il voudrait, outre la note des examens qui mesure les connaissances et l'effort, des « épreuves étrangères à l'acquis livresque », afin de déterminer la valeur psychologique individuelle et les aptitudes naturelles à chacun. Le classement des concurrents serait effectué ensuite par la combinaison des deux genres d'épreuves (note des examens et résul-

---

[1] *Naturanlagen und Erziehung*, R. Sommer (Zeitsch. f. päd. Psych. 1910).
[2] *Practical Teacher* (janvier 1911.)

tats des tests), ce qui équivaudrait pour nous à combiner le *rang psychologique* et le *rang scolaire*. Pourquoi ne tenterait-on pas un essai de cette méthode pour déter- . miner la valeur intrinsèque des élèves des écoles ?

On m'objectera la longueur des enquêtes psychologiques; ces mensurations coûteraient — non pour les élèves, mais pour le maître — tant d'heures à chiffrer. On pourrait confier l'enquête à un spécialiste ou se borner à quelques tests typiques avec les sujets réguliers. Je préconise à cet effet :

1° *L'association-couple*, dans laquelle il n'y a pas de fraude possible. Ce test servira à mesurer : *l'intelligence*, par la valeur associative, le pour-cent d'abstraits, les proportions du vocabulaire; la *mémoire* de conservation ; la *volonté* par l'influence suggestive de la forme grammaticale de l'inducteur; la *personnalité*, par les induits originaux; *l'affectivité* par la fréquence de certains termes, etc.

2° *La chasse aux mots*, si l'élève se livre avec confiance. L'évocation libre complétera l'enquête sur *l'intelligence* en indiquant le stade d'évolution — extrospection ou introspection — le coefficient d'abstraits, la nature du vocabulaire spontané, *l'originalité* ou la banalité, *l'affectivité*, etc.

Les *travaux scolaires*, bien interprétés, renseignent sur la tournure d'esprit, l'attention, la mémoire, l'imagination et la valeur morale de l'élève.

CONCLUSION

§ I. La pédagogie n'est vraiment féconde, n'est vraiment la « science » et « l'art » qu'elle veut être que si elle s'appuie sur la connaissance de l'enfant, de *l'enfant vrai*. L'intérêt de notre étude de l'adolescente vient peut-être de ce que nous expérimentions là dans la matière vivante, prenant sur le vif les divers stades de l'évolution des jeunes filles.

Les travaux de détail surabondent : tels spécialistes ont fait des recherches sur l'intelligence, d'autres sur la mémoire, l'attention, la personnalité, etc.; tels tests ont été appliqués à divers groupes de sujets; mais on ne connaît d'eux qu'un petit côté, quelques processus seulement, rien de complet. Si je ne me trompe, l'originalité de cette monographie est d'avoir opéré, toujours sur les *mêmes sujets*, un très grand nombre d'expériences et d'en tirer une description générale du psychisme de la jeune fille de 13 à 15 ans. Nos tests, pour la plupart, avaient fait leurs preuves dans les recherches spéciales des psychologues : ils acquièrent ici une tout autre portée par *l'ensemble*, concordant en vue d'un but unique.

§ II. Ce prétendu « âge ingrat » — *l'adolescence* — est peut-être bien « l'âge d'or » de toute jeune fille; devenue femme, elle évoque avec plaisir l'idéalisme de ce temps heureux, ses enthousismes juvéniles, ses aspirations élevées.... L'adolescence dégage *l'individualité propre de la nature féminine*, d'où le haut intérêt de cette phase pour le psychologue. On a déjà reconnu la valeur pédagogique de cette période de l'évolution chez le jeune homme; elle est plus féconde peut-être chez la jeune fille : son développement physiologique, son évolution intellectuelle, son expansion affective méritent des soins tout particuliers, car la femme de demain vaudra selon l'éducation qu'*adolescente* elle aura reçue.

TABLE ALPHABÉTIQUE
DES OUVRAGES CONSULTÉS

G. Aschaffenburg. Experimentelle Studien über Associationen (Psych. Arbeiten von Kraepelin) 1907.

A. Bain. Les sens et l'intelligence. Traduction Cazelles. Paris.

A. Binet. La suggestibilité, Paris 1900.

— Etude expérimentale de l'intelligence, Paris 1903.

— Les idées modernes sur les enfants, Paris 1910.

— Expériences sur des écoliers. (Année psychologique III, Paris 1896).

— L'observateur et l'imaginatif (» » VII, Paris 1901).

— Le diagnostic judiciaire (» » XVI, Paris 1910).

A. Binet et V. Henri. La fatigue intellectuelle, Paris 1898.

— La mémoire des phrases (Année psychologique I, 1894).

— Psychologie individuelle (» » II et III, 1895-96).

A. Binet et Dr Simon. Méthode nouvelle pour le diagnostic des anormaux (Année psychologique VIII, 1903).

— L'intelligence des imbéciles (Année psychologique XV, 1909).

B. Bourdon. Recherches sur la succession des phénomènes psychologiques (Année psychologique I et II 1895-96).

P. Bovet. L'originalité et la banalité dans les expériences d'association (Archives de psychologie X, Genève 1910).

W. Brown. The essential of mental measurement, Cambridge 1911.

Ed. Claparède. L'association des idées, Paris 1903.

— Un institut de l'éducation et les besoins auxquels il correspond (Archives de psychologie XII, 1912).

G. Compayré. L'adolescent, Paris 1910.

M. Dugard. De l'éducation moderne des jeunes filles, Paris 1907.

— Evolution contre éducation. Paris 1910.

Mgr. Dupanloup. Lettres sur l'éducation. Paris 1879.

A. Descœudres. Exploration de quelques tests d'intelligence chez des enfants anormaux et arriérés (Archives de psychologie XI, 1911).

Th. Flournoy. L'action du milieu sur l'idéation (Année psychologique I, Paris 1894).

Dr Marthe Francillon. Essai sur la puberté chez la femme, Paris 1906.

N. J. Franken. Sur les changements que subit le sens de l'observation des élèves des écoles, Amsterdam 1902.

P. Gautier. La formation du vouloir. — L'éducation de la sensibilité (Education 1910).

Th. Goett. Associationsversuche an Kindern (Zeits. f. Kinderheilkunde 1911).

Dr Paul Godin. La croissance pendant l'âge scolaire, Neuchâtel 1913 (Collection d'actualités pédagogiques publiée sous les auspices de l'Institut J.-J. Rousseau).

E. Ivanoff. Recherches expérimentales sur le dessin des écoliers de la Suisse romande (Archives de psychologie IX, Genève 1909).

W. James. Qu'est-ce qu'un instinct ? 1887.

C. G. Jung. Diagnostische Associationstudien, Leipzig 1906.

C. G. Jung et Riklin. Associations chez les anormaux (Journ. f. Psych. u. Neurol. 1904-1905).

F. Kiesow. Les images libres (Année psychologique IV, Paris 1897).

A. Leclère. Description d'un objet (Année psychologique IV, Paris 1905).

A. Lemaitre. La vie mentale de l'adolescent et ses anomalies, Saint-Blaise 1910. (Collection d'actualités pédagogiques.)

Dr Lemonnier. Traitement diététique de la paresse (Revue d'hypnotisme 1909).

Mme Leroy-Allais. Faut-il instruire les jeunes filles de la question sexuelle? (Hygiène scolaire 1910.)

O. Lippmann. Die Wirkung der Suggestivfragen (Zeits. f. angew. Psych. I, II).

Manouvrier. Article « Cerveau » du Dictionnaire de physiologie de Richet, Paris 1897.

H. Marion. Psychologie de la femme, Paris 1893.

— Education de la jeune fille, Paris 1894.

A. Marro. La puberté chez l'homme et chez la femme. Trad. de la 2e édition italienne par P. Médici.

Dr A. Matthieu. Le dossier sanitaire individuel des écoliers (Education III, 1911).

P. Mendousse. L'âme de l'adolescent, Paris 1909.

E. Meumann. Intelligenzprüfungen an Kindern der Volksschule (Die experim. Pädagogik I, 1905).

P. Menzerath. Rôle de la facilitation de l'élocution et des connexions établies par le rapport des mots (Zeits. f. Psychol. XLIX).

Mme Necker de Saussure. Education progressive, Bruxelles 1838.

Niceforo. Notes préliminaires d'anthropologie (Scuola Positiva XIII, Rome 1910).

Pearson. On Further Methods of Determining Correlation. (Dropen Company Research Memoirs.-Biometric Series IV, 1907.)

Portes. Transactions of Saint-Louis Academy of Sciences 1894.

A. Quetelet. Anthropométrie ou mesure des différentes facultés de l'homme, Bruxelles 1871.

Th. Ribot. Psychologie des sentiments, Paris 1896.

G. Rouma. Un cas de mythomanie (Archives de psychologie VIII, Genève 1908).

M. C. Schuyten. L'éducation de la femme. Paris 1908.

C. Spearman. Measurement of Association between two Things (American Journ. of Psychol. XV, 1904).

— Foot rule for Measuring correlations (Brit. Journal of Psychol. II, 1st July 1906).

R. Sommer. Les dispositions naturelles de l'éducation (Zeits. f. ped. Psychol. 1910).

P. Souriau. L'éducation intellectuelle (Education 1909).

G. Stanley Hall. Adolescence, New-York 1904.

C. et W. Stern. Monographie über die seelische Entwickelung des Kindes, Leipzig 1907.

Thumb et Marbe. Experimentelle Untersuchungen über die psychologischen Grundlagen der sprachlichen Analogiebildung, Leipzig 1901.

V. Vaney. Mesure du degré d'instruction des élèves (Année psych. I, Paris 1894).

Vitale Vitali. Les Romagnoles, Turin 1908.

H. J. Watt. Ueber Assoziationsreaktionen die auf optischen Reizworte erfolgen (Zeits. f. Psych. u. Phys. d. Sinneorg. 1904).

— Experimentelle Beiträge zu einer Theorie des Denkens. (Arch. f. d. ges. Psych. IV, 1905.)

M. H. Winch. Le concours des bourses et le classement des élèves d'après leurs différences psychologiques (Practical Teacher 1911).

Ph. Ziehen. Leitfaden der physiologischen Psychologie, Iena 1906.

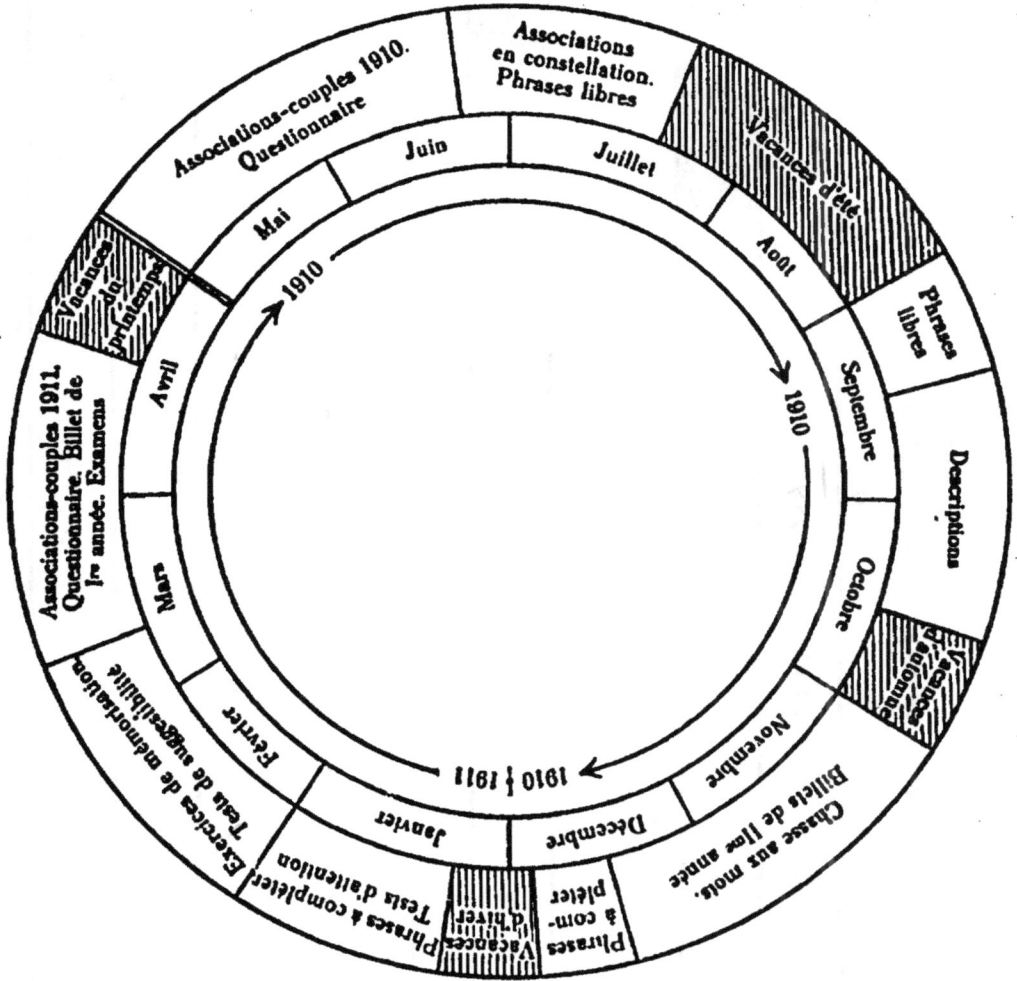

Figure 1. — CALENDRIER DES TESTS

(Voir page 22, note 3)

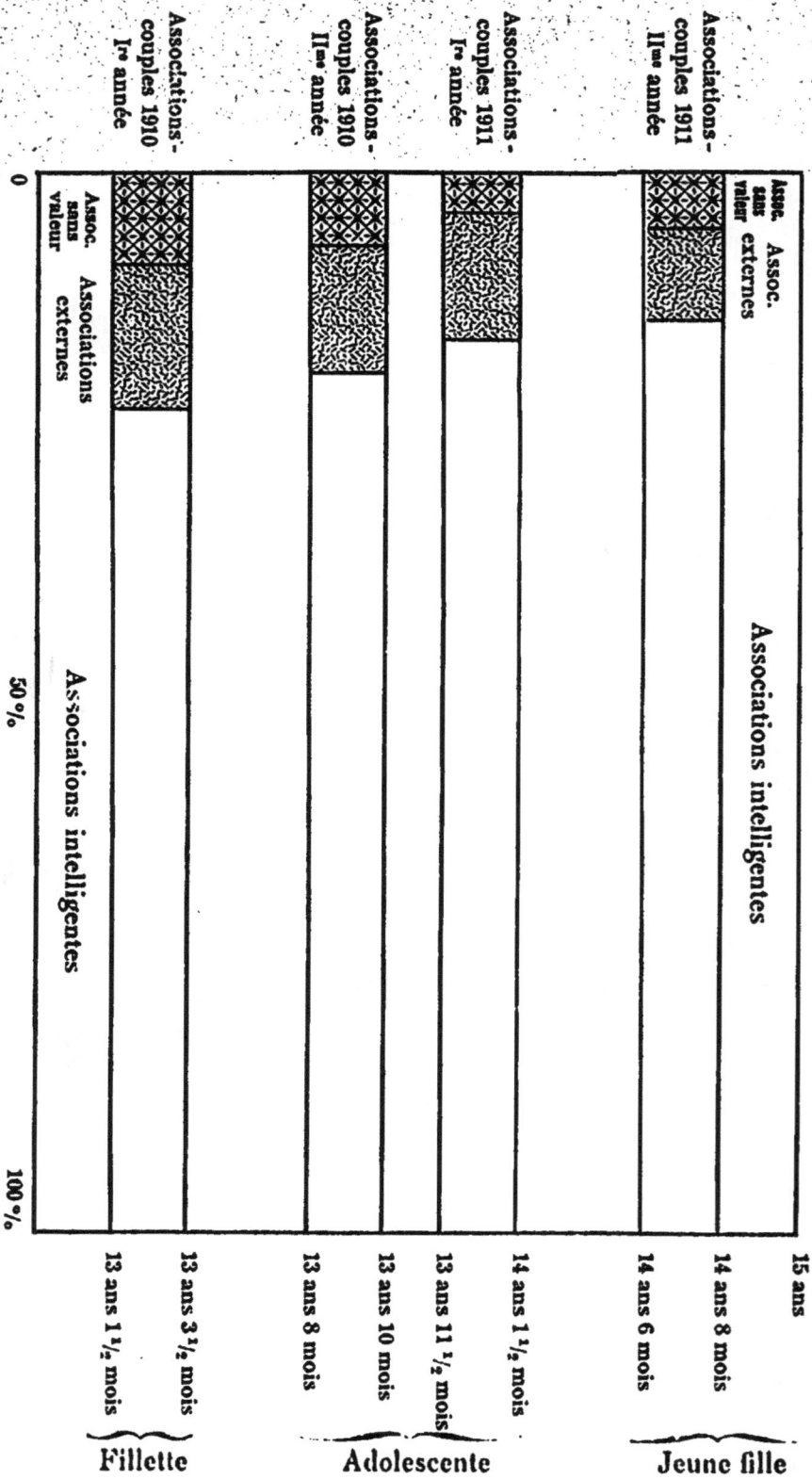

Figure 2 — PROPORTIONS DES FORMES ASSOCIATIVES
(voir texte, page 29)

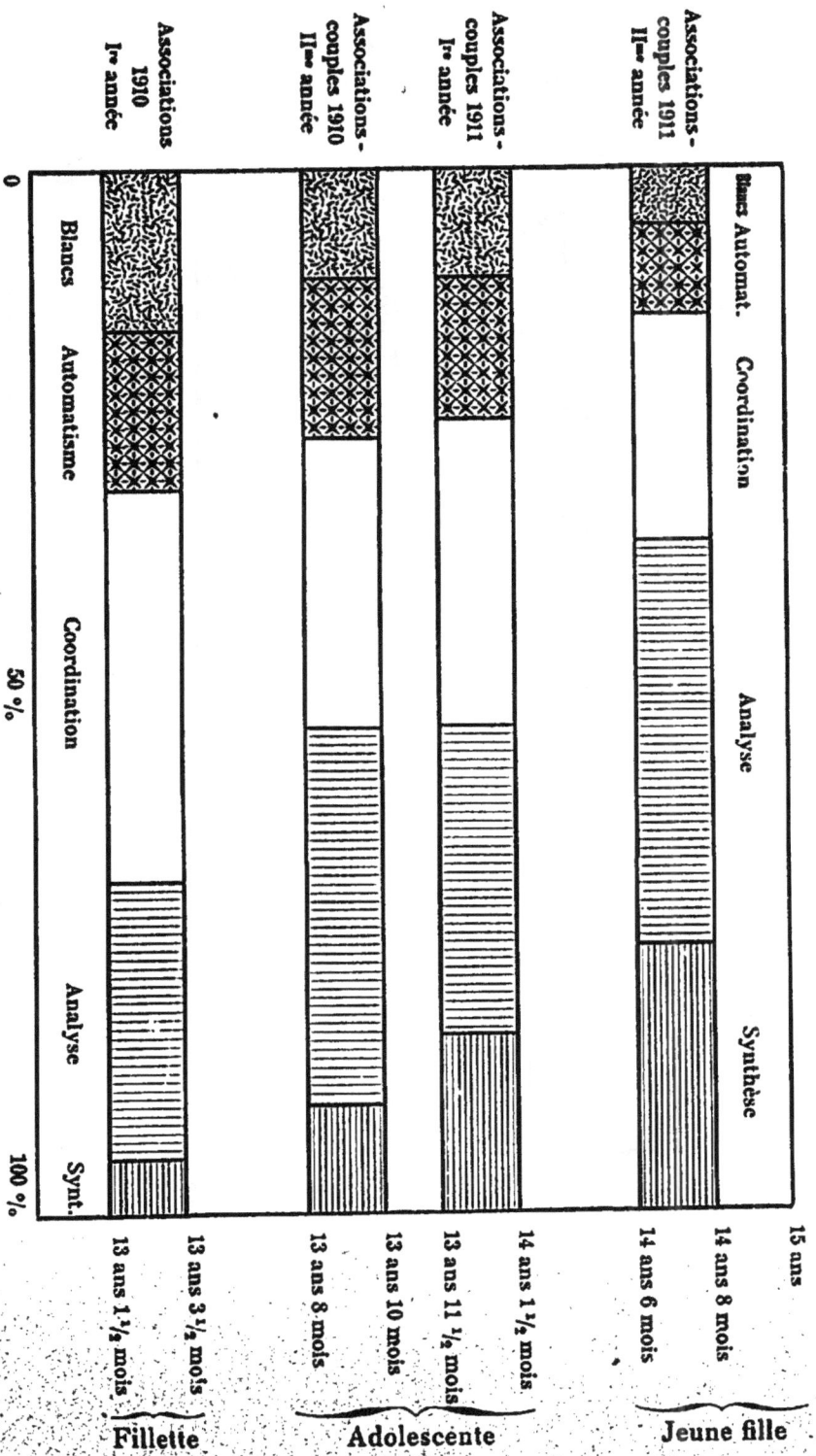

Figure 3 — ÉVOLUTION INTELLECTUELLE SELON LES ASSOCIATIONS
(voir texte, page 33)

Associations
1911
IImе année

Associations
1911
Iʳᵉ année

Associations
1910
IImе année

Associations
1910
Iʳᵉ année

N. Banales   Réactions rares   Réactions uniques ou originales

Nullité   Banalité   Rareté   Unicité ou originalité

0   50 %   100 %

15 ans

14 ans 8 mois
14 ans 6 mois

14 ans 1¹⁄₂ mois
13 ans 11¹⁄₂ mois

13 ans 10 mois
13 ans 8 mois

13 ans 3¹⁄₂ mois
13 ans 1¹⁄₂ mois

Jeune fille

Adolescente

Fillette

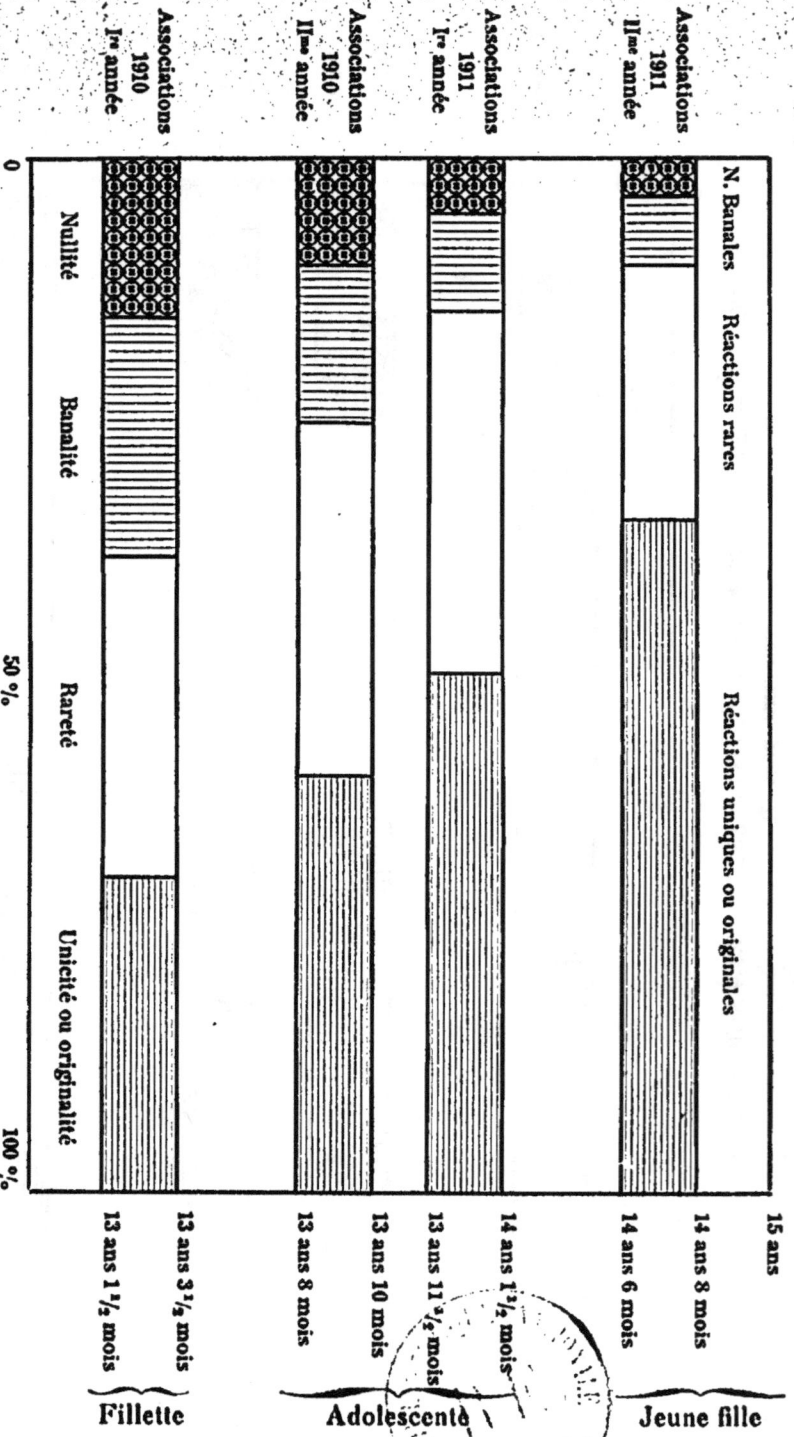

Figure 4 — L'ORIGINALITÉ ET LA BANALITÉ D'APRÈS LE TEST
DES ASSOCIATIONS-COUPLES
(voir texte, page 113)

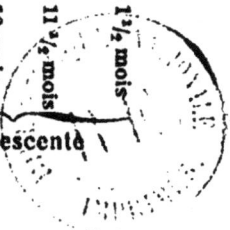

TABLE DES MATIÈRES

ÉCOLE DES SCIENCES DE L'ÉDUCATION
(INSTITUT J.-J. ROUSSEAU)
GENÈVE

L'Ecole a pour but d'orienter les personnes se destinant aux carrières pédagogiques sur l'ensemble des disciplines touchant à l'éducation. Elle vise notamment à les initier aux méthodes scientifiques propres à faire progresser la psychologie de l'enfant et la didactique.

L'enseignement est donné essentiellement sous la forme de conférences de séminaire, avec travaux pratiques, examens d'enfants, etc., les élèves faisant sous la direction des professeurs un travail personnel.

Enseignements principaux : Psychologie expérimentale. Psychologie de l'enfant. Anthropométrie. Maladies des enfants. Pathologie et clinique des anormaux. Psychologie et pédagogie des anormaux. Education morale. Histoire et philosophie des éducateurs. Hygiène scolaire. Sociologie pédagogique. Didactique expérimentale. Dessin et travaux manuels au service de l'enseignement. Education des tout petits.

L'Ecole reçoit des élèves des deux sexes, âgés d'au moins dix-huit ans. La durée normale des études conduisant au diplôme est de deux ans.

L'Institut J.-J. Rousseau veut être un centre de recherches et d'informations en même temps qu'une école. En dehors des cours annoncés au programme, et des réunions et excursions d'un caractère plus familier organisées au cours du semestre, les élèves sont invités à entreprendre eux-mêmes des enquêtes, des expériences et des études spéciales, à manier les appareils de recherche, à essayer les collections de matériel scolaire appartenant à l'Institut. Ils sont associés aux travaux scientifiques poursuivis.

L'*Intermédiaire des Educateurs* (10 fois par an. Suisse : 3 fr. Etranger : 3 fr. 50) et la *Collection d'actualités pédagogiques* servent d'organes à l'Institut.

S'adresser au Directeur : M. Pierre BOVET, Taconnerie, 5, GENÈVE.

www.ingramcontent.com/pod-product-compliance
Lightning Source LLC
Chambersburg PA
CBHW071116280326
41935CB00010B/1028